FAYE DUNAWAY

Ihre Filme - ihr Leben

von ALLAN HUNTER

Deutsche Erstveröffentlichung

WILHELM HEYNE VERLAG
MÜNCHEN

HEYNE FILMBIBLIOTHEK
Nr. 32/113

Herausgeber: Bernhard Matt

Deutsche Übersetzung: Cornelia Zumkeller
Redaktion: Willi Winkler

Copyright © 1986 by Allan Hunter
Copyright © der deutschen Übersetzung
1987 by Wilhelm Heyne Verlag GmbH & Co. KG, München
Umschlagfoto: Archiv Dr. Karkosch, Gilching
Rückseitenfoto: Stiftung Deutsche Kinemathek, Berlin
Innenfotos: Archiv Lothar Just, München; Stiftung Deutsche Kinemathek, Berlin;
Bildarchiv Engelmeier, München; Archiv Dr. Karkosch, Gilching
Umschlaggestaltung: Atelier Ingrid Schütz, München
Printed in Germany 1987
Satz: Fotosatz Völkl, Germering
Druck und Verarbeitung: Ebner Ulm

ISBN 3-453-00652-6

Inhalt

7 Einleitung
11 Kind einer ehrgeizigen Mutter
19 Erste Filmrollen
27 Der lange Marsch von »Bonnie und Clyde«
46 Verzögerter Siegeszug mit bitterem Ende
54 Ein weiblicher Kleiderständer
71 Ernüchterungen
94 Ein Stern verblaßt
108 Heirat als einzig mögliche Antwort
123 Ein neuer Höhenflug
143 »Network«
157 Mutterfreuden
182 Und wieder ein Kraftakt
196 Zurück zu den Ursprüngen
200 Supergirl in den Vierzigern
219 Der Appetit läßt nach
229 Postscriptum
231 Filmographie
239 Bühnenauftritte
241 Fernsehproduktionen
243 Danksagung
244 Bibliographie
246 Register

Inhalt

Einleitung

Im Filmgeschäft als »Zugnummer« zu gelten, ist eine Auszeichnung, die nur wenigen Auserwählten zuteil wird. Das bedeutet, daß der Name eines bestimmten Darstellers die Finanzierung des Films sicherstellt. Startum ist in jüngerer Zeit zu einer von Männern beherrschten Statusbeschreibung geworden, so daß die Zahl weiblicher »Zugnummern« einen noch kleineren Kreis Auserwählter umfaßt. Derzeit gibt es davon nur vier: Barbra Streisand, Meryl Streep, Jane Fonda und Faye Dunaway.

Faye Dunaway ist eine Mischung aus dem Startum alten und neuen Stils. »Neben ihr sind wir alle nur zarte Pflänzchen«, sagte Candice Bergen vor einiger Zeit. Fayes Persönlichkeit ist die Rückkehr zum Glanz und Schillern der großen weiblichen Stars aus Hollywoods sogenannter »Goldener Ära«. Während andere Darsteller lieber als »ganz normale« Menschen gesehen werden möchten, die eben ihr Geld im Filmgeschäft verdienen, ist Faye von der Aura der Leinwandgöttin alten Stils umgeben, sie wirkt wie eine ferne Gottheit, was noch zusätzlich durch ihr beinahe garboeskes Bestehen auf Abgeschiedenheit und der Heiligkeit ihres Privatlebens untermauert wird. Dennoch steht Faye Dunaway auch stellvertretend für ihre eigene Generation. Sie ist ein Beispiel für die moderne Karrierefrau, die in der Lage ist, die Neurosen und Ängste ihrer Zeitgenossen zu beleuchten. In einem Interview, das sie 1976 dem *Guardian* gab, sprach auch sie von einer Mischung verschiedener Eigenschaften: »Das Dasein eines Filmstars hat sich im Vergleich zu früher geändert. Irgend jemand fragte mich vor kurzem, ob es nicht eigenartig sei, Filmstar und Schauspielerin zugleich zu sein. Ich meinte daraufhin, daß das schon seit Jahren ein und dasselbe sei, spätestens seit Julie Christies Auftritt in *Darling*. Ich habe schon immer ganz verschiedene Rollen gespielt, die auch immer wieder ein anderes Aussehen verlangten. Auf diese Weise macht es mir am meisten Spaß, und bis heute hat es auch immer geklappt. Das liegt an zwei Grundvoraussetzungen: einmal daran, eine Rolle zu finden, die einen herausfordert und anspruchsvoll ist, zum anderen daran, ob man das bieten kann, was das Kinopublikum will: wenn Sie mich fragen, dann will es eine strahlende Aura. In der Regel spiele ich die tragische romantische oder die neurotische Frau. Eigentlich weniger neurotisch, aber doch eine Frau, der man in ihrem Leben sehr oft weh getan hat, was ihr Verhalten mehr beeinflußt hat als alles andere.«

Ganz anders als die Stars von gestern hat Faye ihr Geschick selbst in die Hand genommen. Kein Studio hat sie je systematisch zum Star aufgebaut, kein wohlwollender Louis B. Mayer hat ihr den Weg gewiesen. Ihre Entscheidungen, Erfolge und Mißerfolge gehen allein auf ihr Konto.

Auf der Leinwand hat Faye viele Frauen verkörpert, die etwas können, die diszipliniert und dominant sind. Was sie dabei mit ihrer Schauspielkunst abgeliefert hat, scheint oft mit der Persönlichkeit der wahren Faye Dunaway zu verschmelzen. Doch die Wahrheit ist nicht ganz so einschichtig.

In mancher Hinsicht ist Faye ein Spiegelbild ihrer Filmrollen. Sie wurde im Sternzeichen des Steinbocks geboren, und Steinböcke gelten als zäh, ungeheuer arbeitswillig und außerordentlich ehrgeizig. Sie hat es sich selbst auferlegt, ihrer Karriere mit extremer Selbstdisziplin nachzugehen. Der Regisseur Arthur Penn sagte einmal über sie: »Es gibt nichts auf der Welt, was dieses Mädchen aufhalten kann. Es muß wohl so sein.« Faye selbst: »Wenn ich nicht spiele, dann habe ich das Gefühl, daß ich mein Leben nicht richtig ausfülle.« Sie nimmt ihre Arbeit sehr ernst. Possenreißer kann sie nur schwer ertragen und zweifelsohne ist sie eine pedantische Perfektionistin, die mit aller Vehemenz darauf besteht, ihre Aufgabe hundertprozentig zu erfüllen. Damit hat sie sich natürlich bei ihren Kollegen nicht immer beliebt gemacht.

Internationale Anerkennung und Starruhm erlangte sie beinahe noch im Anfangsstadium ihrer Laufbahn, als man sie als »das explosivste Bündel aus Schönheit und Talent« beschrieb, »das in den letzten Jahren auf Bühne und Leinwand zu sehen war«. Dennoch brachte ihr der Erfolg nicht das Ge-

Faye Dunaway in ihrer ersten Filmrolle als Sandy in ›Die Meute‹

wünschte. Arbeit kann einen zwar völlig gefangen nehmen, doch nicht völlig befriedigen. »Ich bin nur glücklich, wenn ich arbeiten kann. Doch wenn man bei der Arbeit glücklich sein kann, dann kann man auch glücklich sein, wenn man nicht arbeitet. Sex ist nicht alles. Liebe ist nicht alles. Es gibt nichts, was alles sein kann«, sagt sie.

Ihre Eltern ließen sich scheiden, als sie noch ein Kind war. Ihre Gefühlswelt blieb deshalb unausgeglichen, sie fühlte sich sehr verunsichert. Als sie bereits erfolgreich war, waren ihre Beziehungen noch immer von Unbeständigkeit gekennzeichnet. Sie erhoffte sich von Psychiatern Hilfe.

Faye hat durch alle Aufs und Abs in ihrer Laufbahn ihren Starstatus erhalten können. Die Mittsiebziger brachten ihr eine künstlerische Wiedergeburt, einen Oscar für ihre Arbeit und die Scheidung von ihrem ersten Mann. Erst im letzten Jahrzehnt ist es ihr gelungen, dem Erfolg als Schauspielerin auch persönliche Erfüllung hinzuzufügen.

Faye ist eine ehrgeizige Frau, sie will Erfolg haben, Beziehungen, einen Ehemann und Kinder. Ihr Leben war ein Kampf, der zum Ziel hatte, Beruf und Privatleben miteinander in Einklang zu bringen. Es war ein schwieriger Balanceakt, doch schließlich hat sie erreicht, was sie wollte. Hier ist ihre Geschichte.

Kind einer ehrgeizigen Mutter

Dorothy Faye Dunaway wurde am 14. Januar 1941 in der kleinen Stadt Bascom in Florida geboren, die nahe bei der Grenze zum Bundesstaat Alabama liegt. Ihr Vater, M. Dunaway war ein ehrgeiziger Soldat, und sein Beruf brachte es mit sich, daß die Familie ein sehr ruheloses Leben führen mußte. Faye und ihr Bruder mußten die Schule in vielen verschiedenen Orten in Texas, Arkansas und sogar in Mannheim absolvieren.

Es sieht so aus, als sei die Kindheit für Faye nicht gerade ein glücklicher Lebensabschnitt gewesen. Ständig mußte sie mit ihren Eltern umziehen, und die anderen Soldatenkinder waren immer nur vorübergehende Spielgefährten. Sie wurde streng religiös erzogen, doch ihre Mutter Grace vergötterte und verwöhnte die Tochter. Grace scheint eine idealtypische Verkörperung der »Showbusineß-Mutter« zu sein. Schon im Alter von fünf Jahren mußte Faye eine Ballettschule besuchen und Klavierspielen sowie Singen lernen. In den Jahren 1939 und 1940 hatte *The Wizard of Oz* (Das zauberhafte Land), in dem sich ein kleines Mädchen namens Dorothy auf die Suche nach dem Glück macht, das irgendwo jenseits des Regenbogens liegen muß, die Zuschauer im ganzen Land in seinen Bann gezogen. Grace war davon überzeugt, daß ihre Dorothy auch für Großes vorbestimmt sei. Sie schrieb sogar Gedichte für die Kleine, von denen eines mit der Anrufung endete: »Lieber Gott, mach etwas Großes aus ihr!«

Nachdem die Familie nach Dugway in Utah gezogen war, trennten sich ihre Eltern, um sich kurz darauf scheiden zu lassen. Ihren eigenen Worten zufolge war Faye im Alter von 13 »ein einsames, furchtsames Kind«. Faye ahnte schon damals, daß der übertriebene Einsatz ihrer Mutter für die Zukunft der Tochter zur Entfremdung zwischen den Eheleuten beigetragen hatte. Die Scheidung brachte ihre schon bestehende Unsicherheit noch deutlicher zum Ausdruck. Da sie ohnehin nie ein dauerhaftes Zuhause gehabt hatte, wirkte sich die

Tatsache, daß die wichtigsten menschlichen Konstanten in ihrem Leben nun getrennte Wege gingen, in beträchtlichem Ausmaß auf sie aus. Gleichzeitig verschärfte die Scheidung ihre Entschlossenheit, nun für beide, ihre Mutter und sich, Erfolg zu haben. Grace hatte auf die jugendliche Faye einen allumfassenden Einfluß, und Faye gab später zu: »Als ich jung war, habe ich oft aufbegehrt. Ich habe oft absichtlich das Gegenteil von dem getan, was meine Mutter getan hätte, nur um zu mir selbst zu finden. Doch ich merke, daß ich ihr mit den Jahren immer ähnlicher geworden bin.«

Grace war eine radikale Verfechterin der These, daß man auf allen Gebieten Erfolg haben könne, wenn man ihn nur mit einer Kombination aus harter Arbeit und Entschlossenheit anstrebte. Faye wurde von ihrer Mutter auf die Jagd nach dem *American Dream* geschickt, dem Allheilmittel für alle Krankheiten. Für ein armes, einsames Mädchen aus dem Süden muß es beruhigend gewesen sein, sich voll auf Leistung zu trimmen, zu glauben, daß Erfolg die höchste Errungenschaft sei, zu glauben, daß Ruhm und Reichtümer, die mit dem Erfolg einhergehen, ihr das lang ersehnte Glück und die persönliche Befriedigung geben könnten. Ihre Mutter hat nie bezweifelt, daß Faye sich auf dem richtigen Weg befinde, es klang sehr überzeugend, als sie später einmal behauptete: »Ich habe schon immer gewußt, daß Faye die Beste sein möchte.«

Nachdem die Familie sich nun endgültig an einem Ort niedergelassen hatte, beendete Faye ihre Schulausbildung an der Leon High School in Talahassee. Daß sie ihren Gesangs- und Tanzunterricht nun auf der Bühne praktisch umsetzen wollte, schien ein naheliegendes Ventil für ihren Ehrgeiz zu sein. Später meinte Faye dazu: »Ich kann mich noch an den ersten Film, den ich jemals gesehen habe, erinnern, ich glaube, daß Gene Tierney die Hauptdarstellerin war, und ich weiß auch noch, was ich damals dachte: ›Das kann jeder.‹« Sie ging dann auf die Universität von Florida, wo sie während ihres zweiten Studienjahres die Hauptrolle in *Medea* spielte. Es war ihre erste Erfahrung mit einer öffentlichen Vorstellung, die ihr dabei half, sich endgültig für eine Karriere als Schau-

spielerin zu entscheiden. Sie bewarb sich an der Hochschule
für schöne und angewandte Künste in Boston, wo Ted Kaza-
noff unterrichtete und wo man sie aufnahm.

Es gibt beliebig viele Gründe für einen Menschen, sich für den
Schauspielberuf zu entscheiden. Man sagt, daß jeder Schauspieler das Produkt einer gehemmten Persönlichkeitsentfal-
tung sei, daß es notwendig sei, daß der uneingeschränkte
Wunsch eines Kindes, Phantasie zur Wirklichkeit zu machen,
erhalten sein muß. In diesem Fall sei dann der Schauspielberuf
nur die verfeinerte Ausdrucksform der Cowboy- und India-
nerspiele der Kindheit. Sicher sind auch die Suche nach Liebe
und die unterschwellige Verdeutlichung eines bestimmten
Anerkennungsbedürfnisses wesentliche Faktoren, die zur
Entscheidung für den Schauspielberuf führen. Schauspielen
ist eine Form der Aufmerksamkeitssuche: »Schau her, Mutti
ich tanze.« Die im emotionalen Bereich sehr zerbrechliche
junge Frau mit dem mächtigen Perfektionsdrang könnte sicher einen guten Teil der letzten Theorie bestätigen.

Ihre Ausbildung finanzierte Faye mit einigen Stipendien und
durch harte Arbeit. Faye arbeitete als Kellnerin in einigen
Bostoner Restaurants und Bars, wo sie sich mit einem falschen, dafür um so deutlicher zur Schau getragenen Ehering
vor den »Kavalieren« schützte, die solche Orte gerne fre-
quentieren. Bei Tag erlernte sie also ihr Handwerk und bei
Nacht arbeitete sie, um ihre Ausbildung zu finanzieren.
»War es Ehrgeiz, der mich dazu veranlaßt hat«, dachte sie
einmal laut nach. »Ich mag dieses Wort nicht, ich lehne es sogar ab, weil man es heute eher in einem entmenschlichenden
Sinne verwendet. Ehrgeiz nimmt die Leidenschaft. Was mich
betrifft, habe ich Entschlossenheit und einen festen Willen,
die aber von Gefühlen und Leidenschaft geleitet werden.
Der Lieblingssong meiner Jugend war ›Don't Fence Me In‹
(Umgib mich nicht mit einem Zaun, laß mir meine Freiheit).
Ich mag keine Zäune, es sei denn, ich richte sie selbst auf.«
An der Universität in Boston arbeitete sie unter der Regie
von Lloyd Richard an Arthur Millers *The Crucible* mit. Richards war so beeindruckt von ihr, daß er Elia Kazan und Robert Whitehead nahelegte, sie doch einmal vorsprechen zu

lassen, denn die beiden stellten unter der Schirmherrschaft der Lincoln Center Repertory Company gerade eine neue Theatertruppe zusammen. Die beiden Herren folgten dem Vorschlag, und Faye las Ausschnitte aus *Twelfth Night* und *Orpheus Descending* und wurde angenommen. Beinahe zur gleichen Zeit bot man ihr auch ein Fulbright-Stipendium an, mit dem sie ihr Studium an der Royal Academy of Dramatic Art in London hätte fortsetzen können. Sie lehnte das Stipendium zugunsten der unwiderstehlichen Aussicht einer Zusammenarbeit mit dem gefeierten »Gadg« Kazan ab. Kazan, der dafür bekannt war, mit den verschiedensten Schauspielertypen sehr einfühlsam umzugehen, arbeitete zu diesem Zeitpunkt seit nahezu drei Jahrzehnten für Bühne und Film. In dieser Zeit hatte er mit Größen wie Marlon Brando, James Dean und Montgomery Clift zusammengearbeitet, um nur die berühmtesten zu nennen.

Kazan hat einen todsicheren Instinkt für das Starpotential in einem Jungdarsteller, und für Faye war er ein einflußreicher früher Mentor. Er empfahl sie für eine Rolle in der Broadway-Produktion *A Man For All Seasons*. Robert Bolts Schilderung der festgefahrenen Konflikte zwischen Heinrich VIII. und Thomas More war 1960 in London uraufgeführt worden. Paul Scofield ging mit diesem Stück später in Amerika auf Tournee, wo er für seine Leistung in der Rolle des Thomas More den begehrten Tony Award als bester Schauspieler des Jahres erhielt. Die unvermeidlichen Umbesetzungen während einer langen Spielzeit wurden fällig, und Faye debütierte im September 1962 am Broadway, als sie Olga Belin in der Rolle der Margaret More ablöste.

Ihr Tag-Nacht-Doppelleben zwischen Studium und Auftritten ging noch ein Jahr weiter, da sie sich einen harten Terminplan auferlegte: Am Tag studierte sie am Lincoln Center, während sie jeden Abend in *A Man For All Seasons* ihren Auftritt hatte. Alistair Cooke beschrieb die Lincoln Center Repertory Company »als einen ambitiösen Versuch, ein Nationaltheater zu gründen«. Als die Gruppe kurz vor ihrem ersten öffentlichen Auftritt stand, wurde Faye festes Mitglied. Ihre erste Inszenierung, die Anfang 1964 einstudiert wurde, sorgte für große Vorfreude auf die kommenden Rollen. *After The Fall* war Arthur Millers erstes Stück, das er seit dem neun Jahre zuvor entstandenen *A View From The Bridge* geschrieben hatte. Es wurde allgemein als Versuch angesehen, die Dämonen seiner Ehe mit der kurz zuvor verstorbenen Marilyn Monroe zu vertreiben. Das Stück hatte am 23. Januar 1964 Premiere. Regie führte Elia Kazan, und die Hauptrollen waren mit Jason Robards und Barbara Loden besetzt. Faye versuchte sich in der Rolle einer Krankenschwester und war außerdem Ersatz für Barbara Loden. Unter den übrigen Nebendarstellern waren Phillip Law und Barry Primus. 1965 übernahm Faye eine der Hauptrollen, und Arthur Miller meinte von ihr: »Ich war schon immer der Ansicht, daß sie sich durch eine enorme Präsenz hervortut.«

Die Truppe inszenierte in kurzer Folge weitere Stücke. Am 12. März hatte ein Zweiakter von S. N. Behrman Premiere, die Komödie *But For Whom Charlie*. Faye spielte an der Seite von Jason Robards und Ralph Meeker die Faith Prosper. Im Oktober spielte sie in *The Changeling* die Zofe der Beatrice, und im Januar 1965 wurde sie für einige Rollen einer *Tartuffe*-Inszenierung zweite Besetzung.

Mit *After The Fall* und *But For Whom Charlie* hatte Elia Kazan seine Regie-Verpflichtungen erfüllt. Er verließ das Lincoln Center und übergab die Verantwortung für die Gruppe an Herbert Blau und Jules Irving. Drei Monate später ging auch Faye. Sie bekam bald darauf eine Rolle in William Alfreds *Hogan's Goat,* das als Off Broadway-Produktion von Frederick Rolf inszeniert wurde. Rolf glaubte, daß Faye unbedingt die Rolle der Kathleen Stanton spielen wollte, doch fürchtete er die physischen und psychischen Anforderungen der Rolle. Kathleen Stanton ist eine junge Frau, die von ihrem Ehemann völlig beherrscht wird. Fast während des ganzen Stücks heult sie vor sich hin und an einer Stelle muß sie sich eine Treppenflucht hinunterstürzen, um mit gebrochenem Genick liegen zu bleiben. Alfreds Stück handelt von der irisch-amerikanischen Politik der zweiten Hälfte des letzten Jahrhunderts. Im November 1965 hatte es am American Place Theatre Premiere und wurde zum Überraschungserfolg der Saison und für Faye Dunaway ein persönlicher Triumph. Einer der Kritiker beschrieb ihre Vorstellung als »tränenreiche tour de force«.

Die Aufmerksamkeit, die sich ganz besonders auf Fayes Darstellung konzentrierte, half ihr, auch das Interesse von Filmproduzenten zu wecken. Am 14. Januar 1966, ihrem 25. Geburtstag, hatte sie ihren ersten Fernsehauftritt in einer Folge von Peter Falks Serie *Trials of O'Brien*. Der Film war für sie nicht nur ein interessantes Medium, sondern auch das beste Mittel, um zu Starruhm zu kommen. Doch zunächst einmal hatte sie es für wichtig gehalten, sich als Bühnenschauspielerin zu bewähren, bevor sie sich den Anforderungen anderer Medien stellte. Später meinte sie dazu: »Filmtechnik kann man nicht lernen, man kann auch nicht lernen, wie man spielt, es sei denn, man kann auf eine Bühnentechnik zurückgreifen. Es gibt genug Leute, die das nicht wissen und direkt zu den Film- und Fernsehstudios gehen. Das geht einfach nicht. Da ist einfach zu vieles, das man wissen muß.«

Unter den Filmemachern, die an der jungen Bühnensensation so interessiert waren, um ihr einen Vertrag anzubieten, befanden sich zwei, die schon alte Hasen in der Filmindustrie waren: der Produzent Sam Spiegel und Otto Preminger. Letzterer war sogar so sehr beeindruckt von ihrer Leistung in *Hogan's Goat,* daß er sie gleich für sechs Filme verpflichtete.

Grace Dunaways Philosophie, nach der Entschlossenheit und harte Arbeit zwangsläufig zu Erfolg führen müssen, schien sich durch jeden weiteren Schritt in Fayes Laufbahn zu bestätigen. Sie hatte sich mit wilder Entschlossenheit dem Ziel verschrieben, eine erfolgreiche Schauspielerin zu werden, was sie bereits erreicht zu haben schien. Eine Kombination aus Glück und Können hatte ihr in ihrem Metier mittlerweile einen bescheidenen Status verschafft. Ihre Entwicklung war schnell und bemerkenswert kontinuierlich verlaufen. Als sie gerade 21 war, und ihr Abschlußzeugnis erst drei Tage in der Tasche hatte, wurde sie bereits für *A Man For All Seasons* verpflichtet, einen der damals größten Broadway-Hits. In diesem Berufsstand, der für die hohe Zahl seiner arbeitslosen Mitglieder berühmt ist, hat sie kaum je einen Tag in erzwungener Tatenlosigkeit verbracht. Selbst nachdem sie das Lincoln Center verlassen hatte, mußte sie nur ein paar Mal in Besetzungsbüros vorsprechen, bis sie die Rolle der Kathleen Stanton bekam. Doch während sich die berufliche Seite ihres Lebens vielversprechend entwickelte, war die ganz private Faye Dunaway noch immer unausgegoren.

»Ich glaubte immer, daß es glücklich machen würde«, sagte sie 1968 in einem Interview mit David Lewin für die *Daily Mail*. »Ich habe mich geirrt. Es machte nicht glücklich, ich hing in der Luft und fühlte mich elend. Ich mußte erst einmal lernen, daß Erfolg nicht automatisch Glück mit sich bringt. Das Glück kommt zuerst. Erfolg bringt Geld ein, das wiederum frei macht. Aber man kann ihn nicht berühren oder schmecken. Man muß immer noch zwischen Illusion und Wirklichkeit unterscheiden. Erwachsen zu werden ist ein Kampf. Ich wollte immer älter sein als ich bin, nie jünger. In den vergangenen fünf Jahren habe ich nicht zur inneren Ausgeglichenheit gefunden. Ich bekam meine Gefühle nicht in den Griff, und meine Mutter fragte sich, ob ich wohl je Frieden fände.« Grace Dunaway soll gesagt haben: »Ich hoffe bloß, daß sie eines Tages, wenn sie genug Liebe bekommt, genug Geld hat und berühmt genug ist – eben einfach das hat, was sie braucht –, daß sie dann zur Ruhe kommt, wenigstens ein bißchen.«

In einem Interview gestand Faye, daß sie damals mit dem Komiker Lenny Bruce zusammenlebte. Andere Klatschgeschichten wissen von einem Freund, der Selbstmord begangen haben soll. Sicher ist allerdings, daß sie mit dem Modefotografen Jerry Schatzberg zusammen war, von dem es heißt, daß er ein wenig Sicherheit in ihr Leben gebracht hat. Faye ist eine sehr schöne Frau mit zarten Gliedmaßen, klaren, olivgrünen Augen und, wie einmal jemand bemerkt hat, mit Schienbeinen, die Butter schneiden könnten. Aussehen und Größe machten sie mehr als geeignet für ihre Arbeit als Fotomodell in New York. Eine Quelle will sogar folgendes wissen: »Faye wollte unbedingt vorankommen und gegen Arbeit hatte sie nichts. Aber es war Jerry, der ihr einen Namen machte. Er fotografierte sie für zahllose Modeprospekte und zeigte sie in vielen Werbesendungen. Er war hingerissen von Fayes außergewöhnlichem Aussehen, von diesem seltenen Etwas, das sie schön und interessant macht.«

Zu Beginn ihrer Laufbahn mußte Faye lernen, ihr gesamtes Gefühlsreservoir auszuschöpfen, um die ganze Bandbreite der verschiedenen Rollen darstellen zu können. Es war ein schwieriger Prozeß der Selbsterfahrung, doch Kazan war ihr dabei ein einfühlsamer Lehrer und Freund. In einem Interview meinte Faye: »Ich war nicht in der Lage, meinen Gefühlen freien Lauf zu lassen. Lange Zeit konnte ich nicht einmal heulen. Eines Tages traf ich Kazan auf der Straße, wir unterhielten uns, und er sagte zu mir: ›Irgendwann einmal hat man dir gesagt, daß es ein Zeichen von Schwäche sei, wenn man heult. Du sollst dich nicht dafür schämen, daß du Gefühle zeigst.‹«

Sie verbrachte viel Zeit damit, sich analysieren zu lassen und ging zu fünf verschiedenen Psychiatern. Weshalb gerade fünf? »Mit den ersten vier kam ich nicht zurecht«, antwortete sie einem Interviewer. Warum sie Hilfe suchte, konnte sie nicht recht begründen: »Ich weiß es nicht. Als ich das erste Mal nach New York kam, war ich völlig von der Rolle, fühlte mich völlig fremd. Ich habe viel geweint. Völlig elend. Ich hatte einfach das Gefühl, daß ich meinen Möglichkeiten nicht gerecht werden würde.«

Mag sein, daß Faye Dunaway eine zielstrebige junge Frau war, die sich gerade an die Spitze des Schauspielberufs kämpfte, doch Gefühle wie Zufriedenheit oder Beschwingtheit machten sich nur dadurch bemerkbar, daß sie eben nicht vorhanden waren. Elia Kazan hat seine Erinnerung an ihre gemeinsame Zeit am Lincoln Center in einem Zeitungsinterview zusammengefaßt, als er sagte: »Faye ist von einer Wolke aus Dramen umhüllt … Da steht einiges auf dem Spiel.«

Erste Filmrollen

Faye und George Maharis in ›Die Meute‹

1966 machte Faye Dunaway ihren ersten Film. In diesem Jahr und dem darauffolgenden wurde Julie Andrews zur größten Kino-Attraktion in Amerika gewählt. Die einzigen anderen Frauen, die in dieser »Hitliste« unter den ersten zehn Jahren zu finden waren, waren Elizabeth Taylor und Doris Day.

Faye und George Maharis in ›Die Meute‹

Die erfolgreichsten Filme waren David Leans *Doctor Zhivago,* der James-Bond-Film *Thunderball* (Feuerball) und *The Sound of Music* (Meine Lieder, meine Träume).
Zu jener Zeit ein Bestandteil der Filmindustrie zu werden, hatte in einigen Bereichen an Reiz gewonnen, in anderen Bereichen aber auch verloren. Auf der Plus-Seite war zu verbuchen, daß der Film erwachsen wurde, daß eine liberalere Haltung sich nach und nach gegen das durchsetzte, was man bis dahin auf der Leinwand für vertretbar gehalten hatte. Elizabeth Taylor erhielt einen Oscar für *Who's Afraid Of Virginia Woolf* (Wer hat Angst vor Virginia Woolf?), der einen Meilenstein in der Befreiung der Filmsprache setzte. Das fleckenlose Image von Filmstars wie Julie Andrews und Doris Day befand sich gegenüber zeitgemäßeren Images auf dem Rückzug. Das ließ auf mehr anspruchsvolle Rollen hof-

fen, wie Faye sie zu spielen wünschte. Ein eindeutiger Minuspunkt an der damaligen Entwicklung Hollywoods war, daß die Ära der großen weiblichen Stars wie Bette Davis, Joan Crawford oder Katharine Hepburn unwiederbringlich vorbei war, und die Filmindustrie nun völlig im Zeichen ihrer männlichen Stars stand, was sich durch Fayes gesamte Laufbahn hindurch nicht ändern sollte.

The Happening (Die Meute) wäre an sich nicht erwähnenswert, hätte Faye nicht mit ihm ihr Filmdebut gegeben. Zwar hatten sich der Produzent Sam Spiegel und sein Regisseur Eliot Silverstein schon einige Lorbeeren im Filmgeschäft verdient, doch hinderten diese sie nicht daran, mit *The Happening* ein dürftiges Werk abzuliefern.

Faye hier mit Anthony Quinn in ›Die Meute‹

Auch die Botschaft, die *Happening* bietet, war dürftig: Geld ist nicht alles, und vor allem kann man sich mit noch so viel Geld keine Liebe erkaufen. Die Kritiken fielen entsprechend hart aus, lediglich Faye wurde in einigen von ihnen lobend erwähnt.

Noch lange bevor *The Happening* in die Kinos kam, begann Faye Dunaway einen Film unter der Regie Otto Premingers. Es war der erste von den sechs, zu denen sie sich verpflichtet hatte. Das Drehbuch zu *Hurry Sundown* (Morgen ist ein neuer Tag) entstand nach der Vorlage von Burt und Katia Gilden. Preminger konnte das mehr als 1000 Seiten starke Werk lesen, bevor es auf dem Buchmarkt erschien. Es handelt von Rassenkonflikten im tiefen amerikanischen Süden, wie sie in den ersten Jahren nach dem Zweiten Weltkrieg gang und gäbe waren. Preminger hoffte, aus dem kontroversen Stoff ein zweites *Gone With The Wind* (Vom Winde verweht) machen zu können.

Nachdem Preminger die Rechte an dem Buch erworben hatte, suchte er nach der richtigen Besetzung für die einzelnen Rollen. Michael Caine war eine gewagte Wahl für die Figur des machtgierigen jungen Südstaatlers, Jane Fonda sollte seine Frau spielen. John Phillip Law, der ebenfalls einmal Mitglied der Lincoln Center Repertory Company war, stellte einen Farmer dar, Faye Dunaway seine Frau.

Nachdem alles vorbereitet war, bezog Preminger mit seinem gesamten Stab das im Kolonialstil gehaltene Bellemont Motor Hotel, wo sie den ganzen Sommer über blieben. Der Stoff des Filmes hatte durchaus epische Qualitäten. Michael Caine spielt einen hassenswerten, fanatischen Südstaaten-J. R. Er ist Henry Warren, der sich vom Kriegsdienst gedrückt hat und seine ganzen Energien in Riverside, eine moderne Super-Farm und Konservenfabrik, gesteckt hat. Zwei kleine Bauern stehen ihm bei seinen Erweiterungsplänen im Weg: der arme Weiße Rad McDowell (John Phillip Law) und der Schwarze Reeve Scott (Robert Hooks), der mit seiner Mutter Rose (Beah Richards) seinen Hof bewirtschaftete. Im Mittelpunkt des Films stehen Caines unmenschliche Methoden, mit denen er diese Anwesen in seinen Besitz zu bekommen

›Die Meute‹

versucht. Er zieht nicht nur vor Gericht, er überflutet auch das begehrte Land, indem er einen Staudamm öffnet.

Der fertige Film ist ein typischer Fall von gutem Willen, der einfach zu gut war. Von einem Stoff wie *Hurry Sundown* hätte man sich einen angemesseneren Kommentar zum Rassenproblem erwartet. Preminger erhielt anonyme Drohanrufe

Faye in ihrem zweiten Film: ›Morgen ist ein neuer Tag‹

vom Ku-Klux-Klan, und schon während der Dreharbeiten war sein Team solchen Gefahren ausgesetzt, daß seine Stars von der Staatspolizei geschützt werden mußten. Im Hotel verweigerte man den farbigen Darstellern die Benutzung des Swimmingpools, was ihnen erst gestattet wurde, nachdem Preminger mit der Abreise drohte.

Der Film war auch in anderer Hinsicht unter äußerst schwierigen Umständen entstanden. Die Tagstemperaturen lagen bei etwa 45 Grad Celsius, und die Darsteller waren nach jeder Einstellung in Schweiß gebadet. Darunter litt natürlich auch die Arbeitsatmosphäre, und die Toleranzschwelle sank auf ein Minimum. Die erfahreneren Darsteller wurden damit eher fertig. Jane Fonda gab zu: »Ich mag diesen Film. Das Studio schränkt einen doch sehr ein. Einmal haben wir in einem richtigen Krankenhaus gedreht. Die Leute liefen mit Flaschen durch die Gegend, die richtiges Blut enthielten, im Nebenzimmer haben sich die Patienten erbrochen. Das fand ich gut.«

Michael Caine wurde einmal gebeten, Jane Fonda und Faye Dunaway miteinander zu vergleichen: »Auch wenn sie mich nun womöglich ein männliches Chauvi-Schwein schimpfen wird, kann ich nur sagen, daß Jane Fonda sehr weiblich und verletzbar war. Sie war nicht im geringsten militant. Sie hat

Gruppenbild mit Faye: ›Morgen ist ein neuer Tag‹

zwar nicht ganz soviel Talent wie ihr Vater, aber ich bin trotzdem der Ansicht, daß sie eine ausgezeichnete Schauspielerin ist. Faye ist aus einem ganz anderen Holz geschnitzt. Ich glaube, sie ist sehr begabt. Sie ist mir schon am ersten Drehtag über den Weg gelaufen ... aber ich habe sie mit zunehmender Drehzeit immer weniger gekannt. Sie ist dieser Typ Frau.«

The Happening wurde kein Erfolg. Selbst das Gerücht, das von freizügigen Szenen wissen wollte, konnte daran nichts ändern.

Damit hatte Faye Dunaway gleich mit ihren ersten beiden Filmen an Mißerfolgen mitgewirkt. Doch brachte man sie nicht in einem solche Maße mit diesen Fehlschlägen in Verbindung, daß sie ihr geschadet hätten. An Otto Preminger war sie vertraglich für weitere fünf Filme gebunden, und das, obwohl ihr seine ruppige Art überhaupt nicht lag. Doch sollten ihre Erfahrungen mit ihm durch ihren nächsten Film, ihren dritten, *Bonnie and Clyde* (Bonnie und Clyde), in Vergessenheit geraten.

Der lange Marsch
von »Bonnie und Clyde«

Für den Außenseiter hat es den Anschein, als wäre jeder einzelne bemerkenswerte Film, den das moderne Hollywood hervorgebracht hat, von jedem Studio-Verantwortlichen, den es in der Stadt gibt, mindestens einmal abgelehnt worden. Hartnäckigkeit und Geduld sind neben Können und Einfallsreichtum die wichtigsten Eigenschaften, die man aufweisen muß, um als Neuling ein Drehbuch in einen Film umsetzen zu können. Zum Glück waren die Drehbuchautoren Robert Benton und David Newman sowohl begabt als auch hartnäckig. Noch Jahre später meinten Leute, die vom Werdegang dieses Drehbuchs erfuhren: »Ihr habt wirklich ein Riesenschwein gehabt!«

Im Juni 1964 schrieben die beiden zusammen für den *Esquire* einen Artikel über die neue Sentimentalität, in dem sie einige Beobachtungen zum Gegenwarts-Amerika zusammenfaßten. »Obwohl wir noch nicht bewußt an einen Film dachten, waren wir doch auf einer Art Motivsuche.« Ein paar Wochen später stießen sie zufällig auf John Tollands *The Dillinger Days,* eine Geschichte, die von den herausragenden Köpfen in einer Hoch-Zeit des amerikanischen Gangstertums handelte. Dabei fanden sie in Fußnoten immer wieder Hinweise auf Bonnie Parker und Clyde Barrow. Schon 1958 war mit *The Bonnie Parker Story* (Die Höllenkatze) der Versuch unternommen worden, die schillernde Story der beiden in einem Low-budget-Film zu erzählen. Newman und Benton hatten nun einen Aufhänger für ihre »neue Sentimentalität« gefunden.

Das Duo begann gemeinsam mit der Arbeit an einem Drehbuch. Dieser Prozeß wurde von einigen Faktoren beeinflußt. So sahen sie sich zum Beispiel in einer Veranstaltungsreihe des Museum of Modern Art in New York über einen Monat verteilt sämtliche Filme von Alfred Hitchcock an. Für sie war das »ein Unterricht in Kino pur«. Während sie schrieben,

Faye Parker-Dunaway

hörten sie die ganze Zeit eine Platte mit Flatt, Scruggs und den Foggy Mountain Boys, die mit gekonntem Banjo-Spiel »Foggy Mountain Breakdown« entwickelten, das im wesentlichen zum Soundtrack des Films wurde. »Doch am stärksten hat uns wohl François Truffaut beeinflußt, besonders zwei seiner Filme: *Tirez sur le pianiste* (Schießen Sie auf den Piani-

Die echte Bonnie Parker, deren wildes Leben Faye zu Weltruhm verhalf

sten) und *Jules et Jim* (Jules und Jim), der eine ist eine wunderbare Mischung aus Komödie und Trauerspiel, der andere ist ein überzeugender Versuch, die Gegenwart als Beschwörung der Vergangenheit zu definieren.«

Nachdem sie ein 70seitiges Exposé ihres Projekts fertiggestellt hatten, schien es ihnen die natürlichste Sache der Welt zu sein, sich an François Truffaut zu wenden, um ihn zu fragen, ob er nicht Regie bei der Verfilmung dieses Stoffs führen wolle.

Über eine Mittlerin gelangte das Skript tatsächlich in Truffauts Hände. Einen Monat später traf er sich mit den Autoren in seinem New Yorker Hotel und sprach mit ihnen über die vielen Möglichkeiten, die in diesem Material lägen. Truffaut trug ihnen auf, sich einige wichtige Filme anzuschauen, darunter Joseph Lewis' *Gun Crazy* (Gefährliche Leidenschaft). Die Geschwindigkeit, mit der sich die Dinge entwikkelt hatten, versetzte die beiden in eine schwindelnde Erregung. Doch sie hätten wissen müssen, daß alles zu schön war, um wahr zu sein.

Sie überarbeiteten das Skript und erweiterten es. In dieser Form sandten sie es nach Paris zu Truffaut, der ihnen auch ziemlich bald antwortete. Der Brief enthielt durchwachsene Neuigkeiten. Die guten waren, daß Truffaut auch die neue Fassung gut fand, die schlechten waren, daß er die nötigen Gelder bekommen hatte, um *Fahrenheit 451* drehen zu können, womit er für sie nicht mehr zu haben war. Um ihre Enttäuschung etwas zu lindern, erwähnte Truffaut die Tatsache, daß er das Skript an Godard weitergegeben habe. Auch Godard fand es gut und kündigte an, daß er bald nach New York kommen werde, wo man sich ja dann darüber unterhalten könne. Die Hoffnungen stiegen noch einmal.

Vom Enthusiasmus Newmans und Bentons angesteckt, erklärten sich zwei Freunde dazu bereit, die Produzentenarbeit für den Film zu übernehmen, was sogleich vertraglich fixiert wurde. Als Godard nach New York kam, sagte er, daß er den Film machen wolle und zwar in drei Wochen. Das traf die Produzenten völlig unvorbereitet, denn sie hatten bis dahin weder die Finanzierung gesichert noch eine Besetzung zusammengestellt. Es fehlte ganz einfach in jeder Hinsicht an der Vorbereitung. Damit war eine Zusammenarbeit mit Godard schon im Vorfeld geplatzt.

18 Monate später beendeten sie die Zusammenarbeit mit den beiden Produzenten, an denen offenbar nicht nur die Arbeit mit Godard gescheitert war. Während dieser Zeit hatte man

ständig nach guten Regisseuren gesucht, wobei auch Arthur Penn im Gespräch war.

Während dieser 18 Monate hatte man das Drehbuch zu *Bonnie and Clyde* in allen Studios herumgereicht, wo es überall glatt abgelehnt wurde. Erst als Warren Beatty auf den Plan tritt, kommt das Projekt richtig in Schwung. Newman und Benton fühlten sich sehr geschmeichelt, daß Beatty sich interessiert zeigte, doch wollten sie nicht wieder einer falschen Hoffnung aufsitzen. Sie waren sich außerdem sicher, daß die sexuelle Komponente des Skripts Beatty sofort wieder von seinem Interesse abbringen werde. Später meinten sie dazu:

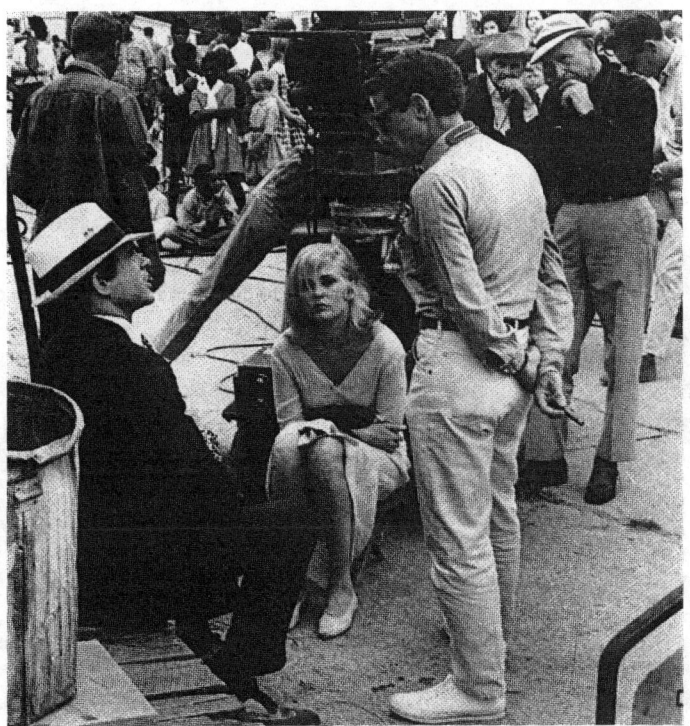

Faye, Warren Beatty und Regisseur Arthur Penn bei den Dreharbeiten zu ›Bonnie und Clyde‹

»In allen unseren Nachforschungen über Clyde Barrow stießen wir auf verschleierte und häufig widersprüchliche Angaben über sein Sexualleben. Alle Quellen deuteten an, daß es nicht ganz »normal« war, doch die meisten beließen es dabei. Einige lassen auf sado-masochistische Neigungen schließen, einige auf Homosexualität: das war die Mehrzahl. Aus ein oder zwei Quellen war sogar die Annahme herauszulesen, daß Bonnie und Clyde mit dem einen oder anderen der vielen Bandenmitglieder eine funktionierende ménage-a-trois unterhielten, demnach soll in jedem Motel eine Mini-Orgie stattgefunden haben. Das gefiel uns. Es wirkte exzentrisch und paßte genau in unsere Vorstellungen über den avantgardistischen Charakter der Barrow-Bande. Deshalb enthielt der erste Entwurf eine durchgehende sexuelle Beziehung zwischen Bonnie, Clyde und C. W. Moss. Bonnie liebte Clyde, aber Clyde, der zwar Bonnie auch liebte, brauchte zur Stimulanz nach unserer Version einen widerwilligen Dritten als Kumpan.«

Film und Historie

›Bonnie und Clyde‹

Entgegen den Erwartungen der Drehbuchautoren fand Beatty das Skript gut und wollte den Film machen. Zu ihrer noch größeren Überraschung wollte er sich sogar über die Annahme der Hauptrolle hinaus in dem Film engagieren. Beatty kaufte die Rechte an dem Drehbuch und setzte sich mit den Autoren zusammen, um sich mit ihnen auf einen möglichen Regisseur zu einigen. Die Wahl fiel schließlich auf Arthur Penn, mit dem Beatty schon in *Mickey One* (Mickey One,

33

1965) zusammengearbeitet hatte. Penn las das Drehbuch und sagte ja.

Nach zwei Jahren wurde es immer wahrscheinlicher, daß aus *Bonnie and Clyde* tatsächlich ein Film werden würde. Außer dem Drehbuch hatte man nun nicht nur einen Regisseur, sondern auch einen Hauptdarsteller, der immer mehr auch die Funktionen eines Produzenten übernahm. 1966 erklärte Beatty in einem Interview mit *Cinema,* weshalb ihn die Geschichte von *Bonnie and Clyde* so sehr interessiere: »Die Beziehung zwischen den beiden interessiert mich nicht so sehr wie die Beziehung der beiden zu ihrer Umwelt und zu ihrer Zeit. Die freudianischen Strukturen in ihrer Beziehung zueinander schläfern mich ein. Ich hab' schon so viel in dieser Art gesehen. Mich interessieren mehr die anrührenden Handlungen der beiden. Die absolute Nicht-Beachtung der gesellschaftlichen Ordnung. Wie die Öffentlichkeit sie behandelt. Die Haßliebe, die sie ihnen entgegenbringt. Der verzweifelte Wunsch des Kleinen, aus der Masse herauszutreten. Das interessiert mich. Clyde wollte einfach wer sein.« Als man ihn danach fragte, weshalb er die zusätzliche Verantwortung der Produzententätigkeit auf sich genommen habe, antwortete Beatty: »Anfangs wollte ich sie nicht übernehmen. Es ergab sich einfach daraus, daß ich all die Dinge übernahm, die normalerweise ein Produzent macht. Ich wollte ja auch bis zur letzten Minute einen Außenseiter als Produzenten engagieren, weil das Studio meinte, das sei zuviel Arbeit. Aber ich habe meine Meinung geändert. Heutzutage sind all diese Dinge, die früher nur einem vorbehalten waren, der sich dann für die Qualität des Films verantwortlich fühlte, auf so viel Stellen verteilt, daß jeder bei einem Fehlschlag dem anderen den schwarzen Peter zuschieben kann. Bei Filmen, die ich früher gemacht habe – manche waren leichte Kost, andere nicht – bin ich von einigen gefragt worden: ›Wofür hältst Du Dich eigentlich? Für einen Produzenten?‹ Also …«

Wenn *Bonnie and Clyde* ein Mißerfolg geworden wäre, hätte man das sicher nicht Beatty anlasten können, denn er hat sich mit einer fieberhaften Intensität in alle Aspekte des Filmemachens eingearbeitet. Es war auch Beatty, der schließlich ein Studio fand, das den Film unterstützte. Columbia und United Artists hatten ihm einen Korb gegeben, doch war es ihm schließlich gelungen, den zunächst ablehnenden Jack Warner herumzukriegen. Warner gab zu, daß der Schauspieler ihn mit seinem ständigen Drängen beinahe zur Zustimmung vergewaltigt hätte. Der gewitzte Beatty behielt sich außerdem eine Gewinnbeteiligung von 40 Prozent an dem Film vor.

Als die Arbeit an der endgültigen Fassung des Drehbuchs ihrem Ende zuging, wurde die Besetzungsfrage akut. Leslie

›Bonnie und Clyde‹

›Bonnie und Clyde‹

Caron war für die Rolle der Bonnie Parker ungeeignet. Keiner hätte ihr das Südstaaten-Mädchen aus der Depressionsära abgenommen, das sich verzweifelt danach sehnt, sein ödes Leben mit Abenteuer und Nervenkitzel anzureichern. Als Beattys Gegenpart wurden auch Natalie Wood, Carol Lynley, Tuesday Weld und sogar Beattys Schwester Shirley McLaine in Betracht gezogen. Die Lolita-Darstellerin Sue Lyon hatte die Rolle schon beinahe in der Tasche, als Penn eine junge, unbekannte Schauspielerin vorschlug, die ihn in

›Bonnie und Clyde‹

Hogan's Goat sehr beeindruckt hatte – Faye Dunaway. Wäre der Film bereits nach dem ersten Drehbuchentwurf, 1964, realisiert worden, dann wäre Faye für die Rolle der Bonnie ziemlich sicher nicht zur Debatte gestanden, dann aber wäre der Film sicher auch nicht das geworden, was er schließlich wurde.

Michael J. Pollard bekam die Rolle des C. W. Moss, der als ausgesprochen vielschichtige Figur die Aufgabe hatte, die Kumpane, die mit Bonnie und Clyde durch die Lande zogen, zu umfassen. Der koboldhafte Pollard war im Actors' Studio ausgebildet worden. Da er mittlerweile seinem Beruf sehr ernüchtert gegenüberstand, war er kurz davor, das Schauspielen an den Nagel zu hängen, als man ihm das Angebot für *Bonnie and Clyde* machte. »Ich habe in unzähligen Saloon-Szenen in Western Winzig-Rollen gehabt, daß man es meinen Unterarmen schon ansah«, witzelte Pollard. Dieser eigenwillige Hippie sollte die endgültige Zeichnung des C. W. Moss deutlich beeinflussen.

Estelle Parsons, eine Fernseh- und Bühnenschauspielerin, die ebenfalls Mitglied des Lincoln Center war, sollte Clydes Schwägerin Blanche spielen. Gene Hackman war ein alter Freund der Parsons und hatte in *Lilith* (Lilith, 1964) schon einmal mit Warren Beatty zusammengearbeitet. Ein weiterer junger Schauspieler war im Gespräch für den Buck, Jack Nicholson, doch wurde er gar nicht in die engere Wahl gezogen. Beatty kümmerte sich auch um andere Belange der Produktion. Die wenig erfahrene Theodora Van Runkel engagierte er als Kostümdesignerin: »Als Warren Beatty mich fragte, wie ich es denn anstellen wolle, daß Bonnie richtig sexy aussieht, sagte ich ihm, daß sie keinen BH tragen solle. Diese Antwort fand er so überzeugend, daß er mir den Job gab. Er war meine erste eigenständige Arbeit.«

Während in Texas die letzten Vorbereitungen für die Dreharbeiten getroffen wurden, überarbeiteten David Newman und Robert Benton noch einmal gemeinsam mit Arthur Penn das Drehbuch. Vor allem arbeiteten sie die sexuelle Komponente schärfer heraus, die sich immer wieder als problematisch erwiesen hatte. »All unsere Diskussionen sind immer wieder bei diesem Punkt zum Stehen gekommen. Wenn der Held erst einmal als sexueller Abweichler dasteht, dann beherrscht dieses Moment die Köpfe der Zuschauer, auch dann, wenn der Film dies nur ganz flüchtig behandelt. Daran kann dann auch die große Liebe, die der Held für die Heldin empfindet, nichts mehr ändern«, glaubten die Drehbuchautoren. »Noch schlimmer daran ist aber, daß es sie abstößt. Was immer der Held dann tun wird, kann vom Zuschauer mit dem Satz ›Klar, der Kerl ist doch pervers, was hätte man anderes von ihm erwarten können‹ erklärt werden. Und das wollten wir unter keinen Umständen, dieser Punkt hätte alles kaputtmachen können.« Im Film selbst hat man alle offenkundigen Hinweise auf Clydes homosexuelle Beziehungen herausgelassen. Statt dessen hat man durch seine Impotenz auf seine emotionalen Störungen hingewiesen.

Bei den Vorbereitungen zu *Bonnie and Clyde* hatte sich unter den Beteiligten ein starkes Gemeinschaftsgefühl herausgebildet, und Penn pries Beatty als »perfekten Produzenten. Er

›Bonnie und Clyde‹

schafft es, daß alle das Letzte aus sich herausholen. Warren kümmert sich auch noch am Schneidetisch und am Mischpult um den Film, eben so lange, bis er seinen Kinostart hat. Er arbeitet ganz einfach härter als alle, die ich kenne.«

Eine junge Dame, die das Letzte aus sich herausholte, war Faye Dunaway. Ihre ganze Karriere hindurch stand das Dunaway-Gütezeichen für eine besessene Detailgenauigkeit, eine sagenhafte Vorbereitung und für den absoluten Mangel an Eitelkeit, wenn es darum ging, für eine Rolle zu- oder abzunehmen. Für *Bonnie and Clyde* magerte sie bis zur Auszehrung ab. »Als ich die Bonnie Parker spielte, mußte ich fast 20 Pfund abnehmen. Ich behängte mich mit sandgefüllten Gewichten, um es schneller zu schaffen. Sie verhalfen mir auch zu diesem nervösen, abgespannten Aussehen, das Clydes Komplizin ausmachte.« Ihre Kollegin Estelle Parsons meinte über sie: »Ich habe noch nie jemanden gesehen, der mit einer derart dämonischen Energie den Erfolg als Filmstar herbeiführen wollte.«

Der Film wurde 1966 in der Umgebung von Dallas abgedreht, die sich seit der Depression im wesentlichen nicht verändert hatte. Viele von denen, die Bonnie und Clyde noch miterlebt hatten, bevölkerten den Drehort, um der Wiedererschaffung der Volkshelden zuzusehen. Am ersten Drehtag in Midlothian wurde gerade Baumwolle entkörnt, und die Entkörnungsmaschinen arbeiteten noch immer so, wie sie es schon vor über 30 Jahren getan hatten. Drei von den Banken, die die beiden damals überfallen hatten, waren inzwischen geschlossen worden. Um die Schauplätze möglichst authentisch zu gestalten, ließ man sie vorübergehend wieder öffnen. Einer der wesentlichsten Vorzüge, die Faye zu bieten hatte, war ihre völlige Unverbrauchtheit. Für die Mehrheit der Kinobesucher war sie ein völlig unbekanntes Gesicht, das man noch nicht automatisch mit anderen Filmrollen assoziierte. Doch hat *Bonnie and Clyde* noch viel mer Rühmenswertes als seine Heldin. Der Film beginnt mit einer Montage zeitgenössischer Schnappschüsse, die Credits laufen in grellem Weiß ab, dessen Hintergrund zunächst in Schwarz gehalten ist, um dann in ein dralles Rot überzugehen. Die erste Einstellung

›Bonnie und Clyde‹

ruht auf Bonnie, die allein, unruhig und gelangweilt in ihrem Zimmer gezeigt wird. Von ihrem Fenster aus beobachtet sie Clyde beim Autoknacken. Für sie ist das eine kleine Ablenkung. Es ist offensichtlich, daß sie ein ödes Dasein fristet, in einer Stadt, die nicht das geringste zu bieten hat. »Was machst du denn, wenn du dich hier in der Gegend amüsieren willst? Dem Gras beim Wachsen zuhören?«, fragt Clyde sie. Sie schämt sich, weil er ihr Leben so scharfsinnig durchschaut. Sie ist Kellnerin und setzt all ihre Hoffnungen auf die Zukunft, von der sie allerdings keine genauen Vorstellungen hat. Nicht ohne Prahlerei eröffnet er ihr, daß er Bankräuber von Beruf sei, und sie findet das sagenhaft. Für sie ist er die

›Bonnie und Clyde‹

Fahrkarte zu Ruhm und Spannung. Als sie sich schließlich dazu entschließen, gemeinsame Sache zu machen, warnt er sie: »Du wirst keine ruhige Minute mehr haben.« Sehnsüchtig und hoffnungsvoll zugleich fragt sie: »Versprichst du's mir?«

Bonnie und Clyde werden Bankräuber, holen den Automechaniker C. W. Moss zu sich und schließen sich dann mit Buck und Blanche zur Barrow-Bande zusammen. Nachdem Bonnie zunächst ein wenig Scheu zeigte, beginnt sie, sich in ihrer wachsenden Berühmtheit zu sonnen. Der Film bekommt dann einen unvermeidlich bitteren Beigeschmack, denn schließlich sind diese Menschen ja Verbrecher, ihre

Handlungen sind illegal, und Bankraub ist kein Pappenstiel. Daß ihr Leben tragisch endet, ist von finsterer Folgerichtigkeit. Bei einer Schießerei wird Bucks Kopf von Kugeln weggefetzt, er stirbt, während Blanche eine Kugel ins Auge bekommt. Am Schluß werden Bonnie und Clyde von C. W. Moss' Vater hintergangen. Man lauert ihnen an einer Lichtung auf, und sie werden wie Stoffpuppen vom Kreuzfeuer der Polizei durch die Luft gewirbelt. Zwei kleine Bankräuber wurden durch die Art ihres Todes zu poetischen Volkshelden.

Faye liefert als Bonnie Parker eine bemerkenswerte Leistung. Vor den Augen der Zuschauer entwickelt sich die un-

Gene Hackman, Estelle Parsons, Warren Beatty, Faye und Michael J. Pollard in ›Bonnie und Clyde‹

Noch gründlicher läßt sichs nicht sterben: Faye/Bonnie Parker im Kugelhagel der Polizei

schuldige, abenteuerlustige junge Frau, die unbedingt ihre Spuren in der Welt zurücklassen möchte, zur deprimierten, traurig-ernüchterten Abenteurerin, die klar erkannt hat, daß ihre Unternehmungen nicht zum gewünschten Ziel geführt haben. Einige Szenen machen diesen Wandel deutlich. Eines Tages bringt die Bande einen jungen Mann (Gene Wilder) mit seiner Verlobten in ihre Gewalt. Als den beiden klar wird, daß sie sich in den Händen notorischer Verbrecher befinden, tut die Bande alles, um diesen Eindruck zu widerlegen. Später erzählt der Mann, daß er von Beruf Unternehmer ist. Ein brüsk hervorgestoßenes »Raus mit ihm« unterstreicht auf niederdrückende Weise, wie sehr sie sich ihres unumgänglchen Todes bereits bewußt sind.

Im gleichen Maß wie sich die Figur weiterentwickelt, wird auch Fayes Darstellung reifer. Nun ist sie eine Frau, deren Träume ihr entgleiten, weil ihr sorgenloser Griff nach Regenbögen sie in ein unerbittliches Netz blutigen Todes und harter Realität verstrickt hat. Wie sie so auf einer Zigarre herumkaut und mit einer flotten Baskenmütze für ein Foto posiert oder wie sie eine Gedichtzeile hinkritzelt, die ihren Gefährten unsterblich macht, ist sie die wichtigste Figur im Kampf um Ruhm, zugleich hat sie einen unglaublichen Lebenshunger. Sie fängt auch die anderen Dimensionen der sinnlichen Frau ein, die aufgrund von Clydes Impotenz unbefriedigt ist.

Im Nachhinein ist *Bonnie and Clyde* leicht als Höhepunkt des amerikanischen Kinos der 60er Jahre zu bewerten. Doch die Zeitgenossen brauchten einige Zeit, bis sie diesen Film überhaupt akzeptierten.

Verzögerter Siegeszug mit bitterem Ende

Bonnie and Clyde wurde den wichtigsten Leuten bei Warner Brothers vorgeführt, und die Reaktionen waren alles andere als positiv. Ein Verantwortlicher urteilte lakonisch, daß er »ein Stück Scheiße« sei. Wie wenig Vertrauen sie in den Streifen setzten, spiegelte sich in ihren Werbe- und Verleihstrategien wieder. Sie wollten ihn als kleinen Film in den kleinen Lichtspielhäusern unterbringen. Doch hatten sie dabei ihre Rechnung ohne Warren Beatty gemacht.

Beatty hatte nicht nur 40 Prozent der Herstellungskosten in den Film investiert, sondern auch seine Zeit und seinen Stolz; er war entschlossen, *Bonnie and Clyde* nicht kampflos in der Vergessenheit versinken zu lassen. Beatty meinte dazu: »Da war etwas Undefinierbares, das mich an diesen Film band. Es war mir völlig egal, ob er irgendwelche Mängel hatte oder nicht. Ich habe alles unternommen, um eine Wende zu erzwingen, ich habe nichts unversucht gelassen und das völlig im Alleingang.« Penn beschrieb Beatty als »Tiger«. »Ihm ist der Triumph dieses Films zu verdanken.« Auch Faye Dunaway war voller Bewunderung für Beattys Hartnäckigkeit, die er der Gleichgültigkeit von Warner entgegensetzte. Erst nachdem er auf die Verantwortlichen der Filmgesellschaft massiven Druck ausgeübt hatte, zeigten sich diese dazu bereit, ihm wenigstens einen akzeptablen Starttermin zu garantieren, und zwar im Spätsommer des Jahres 1967. Doch Beatty mißtraute Warner. Er war der Ansicht, daß sie für den Film nicht in dem Umfang werben würden, den er für angemessen hielt. Zu dieser Zeit lief nämlich gerade die Warner-Kampagne für die hauseigene Produktion *Camelot* (Camelot) auf Hochtouren. Bei Warner meinte man, daß *Bonnie and Clyde* ganz geeignet für das Film-Festival von Montreal sei. Beatty war zwar hinsichtlich der Werbewirksamkeit solcher Film-Festivals sehr skeptisch, doch überredete man ihn schließlich dazu, mit *Bonnie and Clyde* das Festival von Montreal zu eröffnen. Einer der Kritiker, der den Film bei dieser Gelegenheit sah, war Bosley Crowther von der *New York Times,* der auf der Stelle eine unerschütterliche Abneigung gegen den Film empfand. Er sparte nicht mit Hieben, als er seine Eindrücke für seine große Leserschaft zusammenfaßte. In seiner Kritik war zu lesen:»Wir haben es hier mit einer billigen, grobschlächtigen Slapstick-Komödie zu tun, die die schändlichen Raubzüge dieses billigen und schwachsinnigen Paares so darstellt, als wäre es voller Frohsinn und Lebensfreude ... Diese Mischung aus Farce und brutalem Gemetzel ist genauso unnötig wie geschmacklos, da eine stichhaltige Stellungnahme zur ohnehin schon verfälschten Wahrheit ausbleibt. Dieser Film läßt einen erstaunten Kritiker zurück, der sich fragt, was Mr. Beatty und Mr. Penn mit dieser seltsam antiquierten, sentimentalen Effekthascherei wohl bezweckt haben mögen.«

Kurz nach dem Erscheinen dieser Besprechung lief *Bonnie and Clyde* in den amerikanischen Kinos an. Die ersten Einnahmen waren respektabel, doch die Kritiken waren gemischt. Manche waren ganz einfach knallhart und hielten sich im wesentlichen an Crowthers Vorgabe. Joseph Morgenstern von der *Newsweek* ist einer von ihnen. Er verurteilte den Film als »schmutzige Blutrünstigkeit um des wahnwitzigen Gewerbes willen«. In der Besprechung des *Time*-Kritikers war von einer »fragwürdigen und sinnlosen Mischung aus Fakten und Effekthascherei, die gefährlich am Rande der Burleske wandelt« die Rede, während *Films in Review* dunkel grollte: »Das Übel liegt im Grundton des Drehbuchs, der Darsteller und des Regisseurs, aber auch im kalkulierten Effekt, der junge Zuschauer dazu verführt, im bewaffneten Raubüberfall ebenso wie im Mord einfach ein ganz normales Ereignis zu sehen.« Die ablehnende Haltung der Filmkritik war für Warner Brothers die Bestätigung ihrer eigenen Eindrücke. Doch eine überraschende Verkettung von Ereignissen sorgte für eine völlig andere Lage, so daß schließlich Beatty, Penn und Faye Dunaway absolut rehabilitiert wurden.

In Großbritannien war der Kinostart für die erste Septemberwoche angesetzt. Das Werbebudget für *Bonnie and Clyde* lag um zwei Drittel unter dem für *Camelot,* außerdem hatte man hier Probleme mit dem Titel. Einer der Verantwortlichen monierte:»Der Titel läßt auf zwei schottische Fußballvereine schließen«, und man sorgte sich, daß der Filmtitel für Verwechslungen mit dem schottischen Fluß Clyde sorgen könnte. Es wurde vorgeschlagen, den Film in *Bonnie and Clyde Were Killers* umzubenennen. Beatty wurde gefragt, was er davon halte, und er schickte als Antwort ein ätzendes Telegramm, in dem er mit einem neuen Vorschlag aufwartete: *Bonnie and Clyde Aren't Rivers.*

Es blieb schließlich bei *Bonnie and Clyde.* Am 7. September lief der Film, von dem man sich weiterhin wenig erhoffte, im Warner Theatre am Londoner Leicester Square. Er war auf der Stelle ein Riesenerfolg. Zwar wartete man noch auf die Besprechungen der meisten britischen Filmjournalisten, doch standen schon am ersten Tag Hunderte von Menschen Schlange, und das Kino hatte die höchsten Tageseinnahmen in seinem 33jährigen Bestehen. Auch die Kritiker waren der Ansicht, daß der Film etwas ganz Besonderes hatte. Die Kunde vom Erfolg gelangte über den Atlantik, wo die *Los Angeles Time* berichtete:»Großbritannien verliert seinen Verstand über *Bonnie and Clyde*«.

Warren Beatty hatte inzwischen in Amerika seine Bemühungen nicht eingestellt. Die Einspielergebnisse, die *Bonnie and Clyde* in New York hatte, schienen seinen Enthusiasmus langsam zu rechtfertigen. In der ersten Woche spielte der Fim 49 000 Dollar ein, in der zweiten 50 000, in der dritten 57 000 und in der vierten 64 000. Am Ende spielte der Film in New York allein über eine Million Dollar ein. Beatty trieb die Leute an, sich den Film doch ein zweites Mal anzuschauen, er meinte, daß sie womöglich den künstlerischen Anspruch des Films mit der blutigen Wirklichkeit seiner Protagonisten vermengt hätten. Einige der positiven Kritiken und den steigenden Erfolg benutzte er dazu, Warner Brothers von einem notwendigen Neustart des Films zu überzeugen; seine Anstrengungen wurden schließlich belohnt. »Auf ganz eigenartige Weise haben wir diesen großen Erfolg den

Ereignissen in England zu verdanken«, meinte Faye. »In Amerika wurde der Film schlecht aufgenommen. Wenn ich mich richtig erinnere, waren die Reaktionen zwar gemischt, doch die negativen, vor allem der angesehenen Kritiker, überwogen deutlich. In Großbritannien dagegen wurde er unglaublich positiv aufgenommen. Das war auch den Amerikanern einen weiteren Blick wert. Es geschah etwas, was niemals zuvor und auch danach nie wieder passierte: der Kritiker von *Newsweek,* Jo Morgenstern, schrieb eine zweite Besprechung. Darin hieß es: ›Ich habe den Film ein zweites Mal gesehen und ich muß zugeben, daß ich beim ersten Mal daneben lag – und zwar total.‹ Ich finde, das muß man ihm hoch anrechnen.«

Von »schmutziger Blutrünstigkeit« war in Morgensterns zweiter Besprechung nicht mehr die Rede, statt dessen sah er nun »Szene für Szene strahlende Vollendung«. Judith Crist war in *Vogue* der Meinung, daß »Warren Beatty und Arthur Penn sich mit *Bonnie and Clyde* als eines der aufregendsten, kreativsten Teams des amerikanischen Filmgeschäfts etabliert« hätten. Auch das Magazin *Time* nahm seine zunächst rauhen Töne zurück und verbreitete ein sechsseitiges Loblied als Titelgeschichte. Man pries den Film nun als »den Sieger des Jahrzehnts«, aber auch, mit steigender Übereinstimmung zwischen Publikum und Kritik als »besten Film des Jahres«. Stefan Kanfer meinte in *Time,* daß *Bonnie and Clyde* eine Wendemarke bezeichne, daß er ebenso wie *Birth of a Nation* (Die Geburt einer Nation, 1915) und *Citizen Kane* (Citizen Kane, 1941) ein neues Zeitalter einläute.

Damit fand sich nun bestätigt, was Beatty seit Wochen jedem erzählte, daß nämlich *Bonnie and Clyde* ein wichtiger und vielleicht sogar klassischer amerikanischer Gegenwartsfilm sei. Die Verantwortlichen bei Warner machten den Eindruck, als seien sie noch nicht ganz dem Ei entschlüpft. Sie seufzten erleichtert darüber, daß aus der 2,5-Millionen-Dollar-Produktion nun doch ein Gewinn zu schlagen wäre. Für Beatty muß das eine allzu verständliche Genugtuung gewesen sein. Beatty konnte es sich in Zukunft leisten, skeptisch zu sein. In späteren Jahren meinte er oft: »Sie würden in Lachen ausbrechen, wenn Sie die ersten Besprechungen von *Bonnie and Clyde* lesen würden. Alle meinten, daß das unzulässig sei. Man könne doch diese Polizisten nicht so darstellen, man könne auch nicht Gewalt mit Komödie verquicken, man könne das nicht, weil es ein Fehler sei und weil es nicht hinhaue usw. Die Schauspieler alle Possenreißer und Clowns, wen sie denn an der Nase herumführen wollten, wir könnten sie nicht ernst nehmen usw. Natürlich sind alle diese Kritikpunkte sehr interessant.«

Nach einigen Wochen wurde klar, daß *Bonnie and Clyde* nicht einfach ein weiterer Zufallserfolg war, der sich für ein paar Augenblicke zu Ruhm emporgekämpft hatte, sondern daß man es mit einem Phänomen zu tun hatte. Innerhalb eines Jahres hatte er 30 Millionen Dollar eingespielt, Poster von Beatty und Faye Dunaway wurden zu Tausenden verkauft und überall imitierten die Modebewußten den Stil der 30er Jahre. Dieser Erfolg garantierte Beatty den Status eines unabhängigen Produzenten und die Hochachtung seiner Zunft. Faye war zu weltweitem Ruhm katapultiert worden.

Arthur Penn sah die Gründe für den Erfolg in seiner Darstellung der 30er im Geiste der 60er Jahre, der dazu in der Lage sei, die Widersprüche, die Enttäuschungen, die Bitterkeit und den Umbruch in einem Land zu erfassen.

Beatty begründete den Erfolg folgendermaßen: »Ich glaube, die Leute fühlten sich betroffen, als sie einen Film über eine Zeit sahen, in der die Banken sich über die Menschen stellten. Die Gesellschaft war damals sehr ungerecht, und gerade der herrschenden Ungerechtigkeit wurden sich die Leute Mitte der 60er Jahre bewußt. Es gab viel Rassenunruhen, das Engagement in Vietnam hatte einen Punkt erreicht, an dem ziemlich offensichtlich wurde, wie unfair alles war. Deshalb zeigten die Zuschauer so etwas wie Sympathie für Bonnie und Clyde, weil sie in ihren Augen eine Art moderne Robin Hoods waren, so, wie sie sich selbst gerne gesehen hätten. Ob die beiden das nun tatsächlich waren, ist eine andere Frage.«

Während alle Beteiligten den Erfolg des Films feierten, grübelte der weniger ehrfurchtsvolle Michael J. Pollard: »Ich kann nicht einmal Auto fahren. Ich frage mich nur, was sich

Faye und Warren Beatty bei der Pariser Premiere von ›Bonnie und Clyde‹

diese Fans wohl gedacht hätten, wenn wir das Originalskript verfilmt hätten. Dann wäre nämlich Bonnie eine Nymphomanin gewesen und Clyde ein homosexueller Transvestit oder, wie die Hippies das nennen, ein Fetischist. Ich hätte

51

Faye 1967 bei einer Filmpremiere

laut dieser Drehbuchversion beide glücklich machen sollen. Warner entschied sich dafür, den Film sauber zu halten. Eine Szene, in der Bonnie mich badet, endete auf dem Fußboden des Schneideraums. Vielleicht hatten die bei Warner recht, aber für mich gibt es nicht den geringsten Zweifel daran, daß das Originaldrehbuch aus keinem von uns einen Helden gemacht hätte.«

So aber wurden sie alle, in der Öffentlichkeit wie in der Presse, zu Helden. Das drückte sich dann auch bei den Oscar-Nominierungen aus, bei denen *Bonnie and Clyde* zehnmal genannt wurde. Mit ihren 27 Jahren war Faye Dunaway die jüngste Nominierte. Gemessen an seinen zahlreichen Nominierungen war *Bonnie and Clyde* der große Verlierer der Vergabezeremonie. Nur Estelle Parsons erhielt einen Oscar als beste Nebendarstellerin.

Faye konnte es sich leisten, ihre Niederlage großmütig hinzunehmen. Sie konnte sicher sein, daß sie in ihrem zarten Alter noch einige weitere Nominierungen und Oscar-Feiern vor sich hatte. Vor der Oscar-Verleihung hatte sie gesagt, daß sie nie daran gedacht hätte, einen Oscar zu gewinnen, »außer vielleicht jede Minute«. Nach der Feier meinte sie: »Vor wenigen Tagen wurde Martin Luther King ermordet, da war wenig Zeit, sich über eine Goldstatue Gedanken zu machen.« Sie gab zu, wegen der wenigen Anerkennung für *Bonnie and Clyde* von seiten der Akademie ein wenig enttäuscht zu sein. »Wir sind alle enttäuscht. Wir, eine Räuberbande, wurden selber beraubt.«

Ein weiblicher Kleiderständer

Auch wenn die Oscar-Zeremonie sich als Enttäuschung erwiesen hatte, so gab es doch genug Trost durch andere Filmpreise, die man rund um die Welt erhielt. Bei einem Film-Festival in Mar del Plata erhielt *Bonnie and Clyde* den ersten Preis. Die Writers Guild of America wählte David Newman und Robert Benton zu den besten Dramatikern des Jahres und zu den besten Drehbuchautoren. Für Faye wurde der Film zu einem persönlichen Triumph. Abgesehen von ihrer Oscar-Nominierung wurde sie von der ausländischen Presse in Hollywood als beste Hauptdarstellerin für den Golden Globe nominiert, die Britische Filmakademie wählte sie zum vielversprechendsten Neuling des Jahres, in Frankreich wurde sie von der Academie du Cinéma zur besten ausländischen Schauspielerin des Jahres 1968 ernannt und in Italien erhielt sie den begehrten David-di-Donatello-Preis als beste Schauspielerin des Jahres. Die Welt lag ihr buchstäblich zu Füßen.
Sie hatte gleich nach der Fertigstellung von *Bonnie and Clyde* in zwei weiteren Produktionen mitgewirkt, die beide im Frühjahr 1968 anlaufen sollten. *The Extraordinary Seaman* (Der außergewöhnliche Seemann) war eine außergewöhnliche Satire auf den Krieg, bei der John Frankenheimer Regie geführt hatte. *The Thomas Crown Affair* (Thomas Crown ist nicht zu fassen) war ein schillerndes Caper-Movie, das ihr die reizvolle Chance bot, mit Steve McQueen zusammenzuspielen.
Die Vorlage für *The Extraordinary Seaman* war eine Erzählung Phillip Rocks, die später von einem jungen Schriftsteller namens Hal Dresner zum Bühnenstück umgearbeitet wurde.
»*The Extraordinary Seaman* ist ein Anti-Kriegsfilm«, zitierte Gerald Pratle Frankenheimer in seinem Buch *The Cinema of John Frankenheimer*. »Ich versuche nicht, ihn zu einem großen Film zu stilisieren oder gar zu *dem* Anti-Kriegsfilm unserer Tage. Er ist eine Komödie. Ich habe noch nie eine Komödie gemacht und ich habe viel Spaß daran gehabt. Wir haben

Faye 1968

in Mexiko gedreht, weil Kalifornien zu teuer ist, außerdem mußten wir drei Faktoren im Auge behalten. Der eine war ein Schiff, das so aussah wie ein britisches Kanonenboot während des Ersten Weltkriegs, nur war es völlig heruntergekommen. Der zweite war, daß wir einen schiffbaren Fluß in unserer Nähe haben mußten, der ins Meer mündete. Der dritte ist, daß wir ein Dschungelgebiet brauchten. In Hawaii

55

hatten wir zwar einen Dschungel und auch den notwendigen Fluß, doch kein Schiff, weil die Marine alle Schiffe mit weniger als zwei Meter Tiefgang nach Vietnam abgezogen hatte. Das Schiff, das wir laut Drehbuch haben mußten, fanden wir schließlich in Vera Cruz und 200 Kilometer von Vera Cruz entfernt fanden wir genau die passende Umgebung. Also haben wir den Film dort gedreht.«

Ein bärtiger David Niven spielt in diesem Film den Korvettenkapitän Finchhaven. Er ist ein geisterhaftes Relikt aus dem Ersten Weltkrieg. Schon bei seinem ersten Einsatz hatte er sich zu Tode gesoffen. Der »große Jenseitige« verurteilt ihn daraufhin, solange die Weltmeere zu befahren, bis sich eine Möglichkeit zur Wiedergutmachung ergebe. Während des Zweiten Weltkriegs trifft er auf ein Quartett amerikanischer Seeleute, unter ihnen der junge Alan Alda und Mickey Rooney als Koch. Sie schließen einen Pakt, nach dem die vier Niven helfen sollen, sein Kommando wiederzubekommen; er muß sie dafür nach Australien bringen. Sie überfallen eine kleine Stadt, um sich Batterien für die Maschine zu beschaffen. Dabei stoßen sie auf die streitbare Jennifer Wilson (Faye), die ihnen ihre Hilfe anbietet, um dafür als Gegenleistung mitgenommen zu werden. Bald darauf stechen sie in See. Niven wird als Geist enttarnt, und Alda und Faye helfen ihm dabei, einen japanischen Kreuzer zu versenken. Die Unternehmung ist ein Erfolg, doch war der Krieg bereits beendet. Niven hat wieder einmal gepfuscht und wird nun noch einmal dazu verdonnert, die sieben Meere solange zu befahren, bis eine andere ehrenwerte Auseinandersetzung ihm wieder die Möglichkeit gibt, seine Seele reinzuwaschen.

Der Film, der nur 80 Minuten lang war, ließ den Darstellern keine Möglichkeit, ihre Figuren zu entfalten. Die wenigsten Kritiker hielten ihn überhaupt einer Besprechung für würdig, und Metro-Goldwyn-Mayer, die ihn für ein kurioses Machwerk hielten, warben nicht einmal dafür. Der Streifen verschwand nach kurzer Zeit in der Versenkung.

Im völligen Gegensatz zu *The Extraordinary Seaman*, der den Krieg pervertierte, war *The Thomas Crown Affair* ein reiner Unterhaltungsfilm, der keine Botschaft enthielt und daher zwangsläufig wesentlich beliebter war. Ende 1968 gehörte er zu den 20 größten Kassenerfolgen dieses Jahres. Zu diesem Erfolg hat sicher ganz wesentlich die Tatsache beigetragen, daß mit Steve McQueen der beliebteste männliche Star jener Tage die Hauptrolle gespielt hatte. Faye erinnert sich an ihn: »Ich kann gar nicht genug Gutes über ihn sagen. Ich habe miterlebt, wie er junge Schauspieler in einem extremen Maße unterstützte; außerdem arbeitet er sehr hart. Er vermittelt ein Gefühl der Sicherheit, auf das eine Frau immer anspricht. Es ist schwierig, die Art seiner Anziehungskraft zu analysieren. Er ruft die fürsorglichen Seiten in einem wach. Man ist sich sicher, daß er ein mißverstandener kleiner Junge ist, den man mit ein bißchen Wärme und Heimeligkeit schon

Paul Burke und Faye Dunaway in ›Thomas Crown ist nicht zu fassen‹

57

hinbiegen kann. Es gab eine Zeit, als ich meine Augen nicht von der Leinwand losreißen konnte, wenn er spielte. Aber später habe ich ihn kennengelernt. Ich bin mir ziemlich sicher, daß das ein Punkt ist, der die meisten Frauen zu ihm hinzieht: er vermittelt einem das Gefühl, daß alles in Ordnung ist, daß man sich entspannen kann. Er schafft es offenbar, genau wie Bogart und die anderen großen Stars, sein Publikum aufzuwühlen. Sie ziehen einfach die Zuschauer in ihren Bann.«

Norman Jewison, der Regisseur der *Thomas Crown Affair,* beschrieb ihn als »einen sehr eleganten Film. Er ist beinahe so etwas wie eine Übung in Stilkunde.« Die Schauplätze sind luxuriös und die Menschen schön. Gekoppelt mit dem »perfekten Verbrechen« ergibt sich daraus ein elegantes, üppiges Caper-Movie, wie es die Massen mögen.

Gedreht wurde im Sommer 1967 an 90 verschiedenen Schauplätzen in und um Boston. Die Dreharbeiten dauerten zehn Wochen. Der Film beginnt mit einem Banküberfall, den Jewison mit versteckter Kamera filmte. »Die Wachen und Bankangestellten wußten Bescheid, aber sonst niemand. Unsere Räuber haben eine Menge Kunden und Passanten in Angst und Schrecken versetzt. Sie meinten, daß sie es mit einem echten Überfall zu tun hätten. Komischerweise versuchte aber niemand einzugreifen. Ich glaube, sie wollten aus lauter Angst nicht mithineingezogen werden.«

Thomas Crowns Wohnung wurde am eleganten Beacon Hill eingerichtet, auch das hochmoderne Appartement der Versicherungsprüferin Vicky Anderson (Faye). Auch sonst hatte man sich die malerischsten und schönsten Ansichten Bostons zunutze gemacht.

Auch bei der Auswahl der Statisten war man wählerisch. Jewison hatte beschlossen, nur solche zu nehmen, die in ihrem »normalen« Leben genau dieselben Berufe hatten, die sie im Film ausüben sollten. Auf sein Zeitungsinserat, in dem er 16 Dollar pro Tag versprach, meldeten sich über 2000 Interessenten. Wie sich herausstellte, waren die meisten leitende Angestellte, die ein paar Tage ihrem Büro fernblieben. Einige von ihnen wurden von ihrem Chauffeur vorgefahren, ei-

›Thomas Crown ist nicht zu fassen‹

ner brachte seine Sekretärin mit, der er in Drehpausen Briefe diktierte. So groß ist die Anziehungskraft von Filmteams. Wenn man sich Fayes Laufbahn als Hauptdarstellerin so ansieht, dann erkennt man den verständlichen Wunsch, sich ihr Image zunutze zu machen. Es gibt zahlreiche Beispiele, in denen sie entweder ein Modell spielt oder eine Frau in Modekreisen. *The Thomas Crown Afair* ist das erste Beispiel für eine »Kleiderständer-Rolle« Fayes. Ihre Hauptaufgabe ist es, elegant und edel auszusehen, während sie in einer exotischen neuen Creation agiert. Im Verlauf dieses Filmes trägt Faye 29 verschiedene Kostüme, wenn man ein Bettuch und ein Handtuch noch dazuzählt, die sie in einer Bett- und einer Saunaszene trägt, dann sind es 31. Thea Van Runkel, die in

Bonnie and Clyde für den Stil der 30er zuständig war, hatte in der *Thomas Crown Affair* die Aufgabe, für ultra-moderne Kostüme zu sorgen.

Die schauspielerischen Anforderungen sind in »Kleiderständer-Rollen« naturgemäß nicht allzu groß. Eine ernste Herausforderung war höchstenfalls die Aufgabe, die Erotik zwischen zwei Liebenden, die gegnerischen Lagern angehören, am Knistern zu halten. Eine der denkwürdigsten Szenen dieses Films spielt sich beim Schachspiel ab, das Faye und Steve McQueen fast zu einer heiß umkämpften sexuellen Schlacht umfunktionieren.

Bei seinem Kinostart wurde *The Thomas Crown Affair* zum Kräftemessen zwischen Bonnie und Bullit hochstilisiert; Bullit war Steve McQueens letzter großer Kinoerfolg gewesen. Das erotische Hickhack zwischen einem weltläufigen Gentleman-Dieb und einer eleganten Frau wurde mit dem knisternden Zusammentreffen von Grace Kelly und Cary Grant in Hitchcocks Klassiker *To Catch a Thief* (Über den Dächern von Nizza, 1954) verglichen. Hitchcock meinte einmal in einem Gespräch mit François Truffaut: »Auch wenn ich mich auf der Leinwand mit Sex befasse, vergesse ich nie, daß der Suspense die Hauptsache ist. Wenn der Sex zu aufgetragen, zu dick ist, gibt es keinen Suspense mehr … Ich brauche Damen, wirkliche Damen, die dann im Schlafzimmer zu Nutten werden.« Ohne Zweifel sind bei Faye einige dieser Merkmale, die eine typische Hitchcock-Heroine ausmachen, vorhanden: die eiskalte Blondine läßt unter der Oberfläche eine glühende Sinnlichkeit vermuten. Ihre eigene Einstellung zur Sexualität ihrer Figur unterstreicht diese Einschätzung: »Ich war immer der Ansicht, daß das, was da angedeutet wird, unendlich herausfordernder ist als das, was zu sehen ist. Ein Mann sollte eine Frau anschauen und sich fragen, was wohl passieren würde, wenn er diesen einen Knopf öffnet. Wenn eine Nacktszene für den Inhalt und die Stimmung eines Films wesentlich ist, okay, aber Sex nur um des Sex willen, nein.«

Die Kritiker, die diesen Film besprachen, warfen häufig das Gebot der kritischen Objektivität über Bord und stimmten Hymnen auf den weiblichen Star an. Ian Christies Besprechung im englischen *Sunday Express* ist ein typisches Beispiel hierfür. Er schrieb: »Faye Dunaway haut einen einfach um. Sie ist unglaublich schön, überaus geschmackvoll gekleidet, souverän in ihrem Auftreten. Sie ist eine Persönlichkeit mit Intelligenz, Wärme und Witz und sie deckt alle Mängel auf, mit denen die Liebe deines Lebens behaftet ist.« Als der Film als Ganzes besprochen wurde, kehrte man wieder zur Objektivität zurück. Man kritisierte ihn als eine schillernde, nichtssagende Anhäufung wohlerprobter Effekte. Mag sein, daß der Film formelhaft geraten ist, doch wenn die Formel wirkt, dann ist diese Kritik überflüssig.

Im Frühjahr 1968, als *The Thomas Crown Affair* Publikum und Kritikern noch unbekannt war, waren rund um die Welt

Faye und Steve McQueen in ›Thomas Crown ist nicht zu fassen‹

noch immer die Begeisterungsrufe für *Bonnie and Clyde* zu hören. Später, als die Anti-Vietnam-Proteste immer lauter wurden, und die Pariser Studenten auf die Straße gingen, wurden die poetischen Volkshelden, die sich gegen den Druck ihrer Gesellschaft auflehnten, immer mehr zu Symbolen der Sechziger. Die Moskauer *Prawda* bezichtigte Faye der Unterminierung der Jugendmoral im Westen. Bei einem Spanienbesuch mit ihrem Verlobten Jerry Schatzberg, dem sie einen Trip nach Bombay anschloß, versammelten sich die Fans schon um fünf Uhr morgens, um sie mit Blütenblättern und Rosenwasser zu empfangen, dann trugen sie sie auf Händen zum Flughafengebäude. Sie war das goldene Mädchen, dem nichts fehlte – Erfolg, Ruhm und, so sah es zumindest aus, persönliches Glück. »Jeder Tag ist herrlich, weil ich Jerry habe«, meinte sie.

Obwohl der riesenhafte Gewinn aus *Bonnie and Clyde* noch weiter anstieg, erhielt Faye keinen Pfennig über ihre ursprüngliche Gage hinaus, doch war das für sie auch nie besonders wichtig, um so weniger, als der Film so viele andere Reichtümer mit sich gebracht hatte. Es wäre kleinlich gewesen, sich über Geld zu beklagen. »Ich habe nicht die geringsten Beschwerden vorzubringen«, meinte sie. »Ich hielt damals 30000 Dollar für eine mehr als faire Gage. Für den Film davor, *Hurry Sundown* habe ich 5000 Dollar weniger bekommen. Bonnie verdanke ich viel. Sie hat mir als Schauspielerin Auswahlmöglichkeiten eröffnet, von denen ich nicht einmal zu träumen gewagt habe.« Außerdem hatte Bonnie gewaltige Auswirkungen auf ihre zukünftigen Gagen. Für *The Extraordinary Seaman* bekam sie 100000 Dollar, und als man sie für *The Thomas Crown Affair* verpflichtete, hatte sich die Summe bereits verdoppelt. Als 1968 ihre Oscar-Nominierung bekannt wurde, hatte sie vier ernsthafte Angebote vorliegen, deren Gebote alle über einer halben Million lagen. Ein Artikel im *Hollywood Reporter* beschäftigte sich mit ihren gegenwärtigen Gagen und stellte schließlich fest, daß sie einer der großen Hollywood-Stars geworden war, ohne je einen Film in Hollywood gedreht zu haben. Zwar war für die *Thomas Crown Affair* einige Tage in den Goldwyn-Studios gedreht

›Thomas Crown ist nicht zu fassen‹: Faye mit Steve McQueen

worden, doch waren abgesehen davon all ihre Filme über den amerikanischen Kontinent verteilt fernab von der Filmhauptstadt aufgenommen worden.

Nun, da sie ein Star war, wollte sie nur noch mit Regisseuren zusammenarbeiten, mit denen sie zurechtkam. Preminger gehörte bestimmt nicht dazu, doch hatte er noch für fünf Filme eine Option auf Faye. Er bereitete eine Komödie mit dem Titel *Skidoo* vor und verlangte ihre Mitwirkung. Als Faye nicht zur Arbeit erschien, reichte Preminger im Januar 1968 beim New Yorker High Court eine Klage ein, in der er Faye des Vertragsbruchs bezichtigte. Faye wollte unter allen Umständen von ihrem Vertrag mit Preminger loskommen und war auch bereit, für ihre Unabhängigkeit zu zahlen. Beide Parteien fanden einen außergerichtlichen Kompromiß, demzufolge Faye für eine nicht genannte Summe von ihren Verpflichtungen entbunden wurde.

Damit konnte Faye ohne jede Beschränkung in die Zukunft sehen. »Ich möchte wirklich eine gute Schauspielerin sein. Ich möchte das mit aller Leidenschaft. Ich spiele, weil ich will, weil es mir Spaß macht und weil es Freude in ein Leben bringt, das an sich so unstet ist. Nun muß ich beweisen, daß mehr in mir steckt als nur Bonnie. Das kann ich nur, wenn ich mich weiterhin hart rannehme, wenn ich auf der Suche bleibe.« Es gab Gerüchte, die wissen wollten, daß sie in einer *Hamlet*-Inszenierung neben Richard Harris die Ophelia spielen würde. Als man sie fragte, weshalb sie wieder zur Bühne zurückkehren wolle, antwortete sie: »Wenn man aufhört, Chancen zu ergreifen, dann hört man auch auf zu leben. Die Welt, in der ich lebe, die Welt des Schauspiels, stellt einen nackt und bloß hin, die Nerven liegen frei. Also muß man lernen, daß man nicht stirbt, wenn sie auf einen einschlagen. Das Leben ist Freude und Schmerz zugleich, zur Zeit dominiert die Freude, aber das ist nicht immer so.«

Schließlich entschied sie sich nicht für das Theater, sondern für einen Film, der in Italien gedreht werden sollte. Es war offensichtlich, weshalb sie sich so entschied: Regie führte der Veteran Vittorio De Sica, männlicher Hauptdarsteller war Marcello Mastroianni und ihre Gage soll bei etwa 400000 Dollar gelegen haben.

Die Aussicht, mit Mastroianni zusammenzuarbeiten, versetzte sie in Aufregung. »Ich habe ihn einmal mit Sophia Loren zusammen spielen sehen. Wie ich sie beneidet habe! Und nun habe ich das Glück, an seiner Seite spielen zu können. Ich glaube, es kommt alles darauf an, wie sehr ich ihn beeindrucken kann.« Sie flog mit Jerry nach Italien, und das Paar begann, einen Film zu planen, bei dem sie zusammenarbeiten wollten, und der zugleich Jerrys Regiedebut sein sollte.

Als sie in Rom ankam, sagte sie zu Reportern: »Ich hoffe, daß ich lange genug in diesem Geschäft bleibe, um Spuren zu hinterlassen. Wenn das nicht klappt, dann ziehe ich mich vielleicht endgültig auf das Eheleben zurück. Aber jetzt möchte ich nur spielen ... und ein Star sein. Mit mir läßt es sich nicht leicht leben. Ich habe meinen eigenen Kopf und ich will auf keinen Fall aufgeben, was ich mir so hart erarbeitet habe. Ich hoffe, daß ein Mann das einsieht. Die meisten Männer halten nur ihre eigene Karriere für wichtig. Ich akzeptiere das nicht. Ich möchte spielen, bis ich 80 bin. Außerdem, wenn ich einen Fehler machen sollte, dann ist es mein Fehler, und keiner, den ich irgendeinem Mann mein Leben lang vorwerfen werde.«

Der Film trug den Titel *A Place for Lovers*/*Gli Amanti* (Der

›Der Duft deiner Haut‹: Marcello Mastroianni und Faye

Duft deiner Haut). Faye spielte darin eine schöne junge Frau, die weiß, daß sie bald sterben muß. Dank ihrer ersten richtigen Romanze mit Mastroianni kann sie ihrem Leidensweg ruhig entgegensehen. Der Film war pures Schmalz. Eine Faye, die vor Gesundheit nur so strotze, litt an einer dieser mysteriösen Filmkrankheiten, die zwar ohne Zweifel tödlich sind, die aber bis zum Schluß weder die Schönheit noch die Beweglichkeit der Protagonistin beeinträchtigen. Die internationale Kritik ließ an dieser modernen *Kameliendame* nur wenig gute Haare. *Time* meinte dazu: »Wenn dieser Film nicht so jämmerlich danebeninszeniert worden wäre, hätte aus diesem Stoff ein großes, tragisches, unwiderstehlich romantisches Werk werden können. So aber eröffnet er Faye Dunaway nur die Möglichkeit zu einem letzten apathischen, tuberkulösen Aufbäumen.« Besonders hart ging der Kritiker von *Time* mit Mastroianni ins Gericht: »Er hat die Anziehungskraft eines Mannes, den man wegen Steuerhinterziehung angeklagt hat. Man hat außerdem den Eindruck, als würde er andauernd die Worte seiner Souffleuse nachsprechen.«

A Place for Lovers war ein teurer Reinfall, doch sollte ihn Faye aus verschiedenen Gründen in Erinnerung behalten. Zu ihrer Figur, der Julie, hatte sie sich stark hingezogen gefühlt. »Das liegt nicht nur daran, daß ich diese Art Frauen kenne, Frauen, die sich ihrer Karriere verschrieben haben und sich von allen Kontakten mit der Außenwelt isoliert haben. Durch ihr Wissen, daß sie sterben muß, wird sie zu der Einsicht gezwungen, daß sie nie richtig gelebt hat. Und mit Leben meine ich die Art tiefer Beziehungen, vor der sich so viele moderne Frauen abschließen. Viele junge Leute tun das auch, aber letztendlich ist doch nur das wichtig. Mein eigenes Leben, das so völlig im Zeichen des Schauspielens steht, hat sich durch meine Beziehung zu Jerry verändert.«

Faye genoß es auch, an der Seite Mastroiannis zu spielen. »Bis dahin hatte er erst mit zwei amerikanischen Schauspielerinnen zusammengearbeitet, mit Pamela Tiffin und mit Raquel Welch. Natürlich himmelte jeder in Amerika ihn an, ich auch. Mit ihm zu drehen, war *simpatico*. Er behandelt jeden

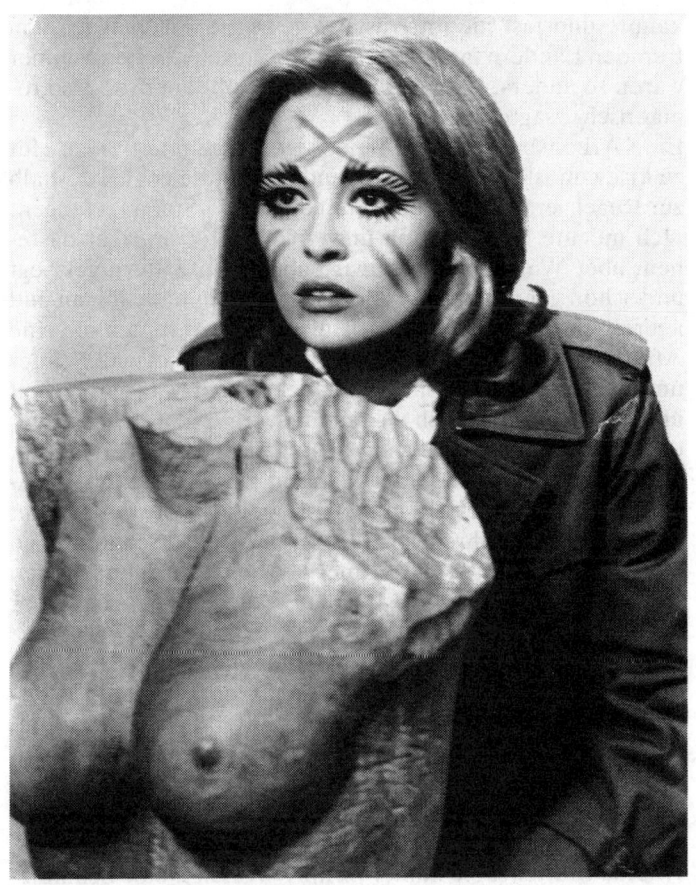

Faye in ›Der Duft deiner Haut‹

aufmerksam, ist freundlich, einfühlsam, voller Überraschungen, witzig und zweifelsohne unglaublich begabt.«

Doch die Gründe, weshalb sie sich noch lange an *A Place for Lovers* erinnern sollte, waren weniger beruflich als privat, denn während der Dreharbeiten brach sie eine der Kardinalregeln der Schauspielerzunft und verliebte sich in ihren Hauptdarsteller. »Als Südstaatlerin, die den Norden kaum kannte und fast nie im Ausland gewesen war, war ich von fremden Ländern fasziniert. Auch die ausländischen Männer waren so anders. Irgendwie geheimnisvoll, aber so ... so romantisch«, sagte sie.

Eine Arbeitsbeziehung mit einer Romanze unter einen Hut zu kriegen, ist sehr schwierig, und Faye hatte es sich deshalb zur Regel gemacht, nie etwas mit einem Co-Star anzufangen. »Ich möchte nicht wie ein unweiblicher Exzentriker dastehen, aber Warren und ich, wir haben kein Zittern gekriegt und schon gar nicht das große Beben. Ich himmle ihn an und ich respektiere ihn in hohem Maße, aber wir hatten nie eine Affäre. Auf eine komische Art waren wir eher wie Bruder und Schwester. Und Steve McQueen – der war verheiratet und alles. Ich habe mich nie mit ihm verabredet. Ich glaubte, daß daraus nur ein großes Durcheinander entstehen würde, also habe ich mich in jeder Hinsicht zurückgehalten.« Mastroianni war anders, und weil sie beide Weltstars waren, wußten alle über ihr Verhältnis Bescheid. Klatschkolumnen und Zeitschriften in ganz Amerika kündeten schon in den Überschriften von »Fayes wildem italienischen Abenteuer mit Marcello«.

Die Hollywood-Stars der alten Schule hatten die Presse hofiert und bis zu einem gewissen Grad akzeptiert, daß sie Presseprodukte waren und so etwas wie öffentliches Eigentum. Faye gehörte einer neuen Generation an, die der Ansicht war, daß die Stars ihren Fans durch kein von den großen Studios gefördertes glanzvolles Leben eine Art Zweitexistenz zu vermitteln hätten. Sie wollte ihr Privatleben für sich allein. »Meine Mutter sagte immer zu mir: ›Wasch Deine Schmutzwäsche zu Hause‹, und an diese Regel sollte man sich halten«, forderte sie. In Interviews, die sie während der Dreharbeiten gab, verneinte sie die Möglichkeit einer Leidenschaft zwischen Kollegen. »Jeder Schauspieler oder jede Schauspielerin, der oder die seine oder ihre Gage wert ist, sollte während einer Liebesszene immer ein wenig verliebt sein. Aber sich wirklich ineinander zu verlieben, das ist etwas ganz anderes«, meinte Faye zu der Geschichte, während Mastroianni meinte: »Die Jugend ist auf dem Vormarsch. Ich habe eine sehr hübsche Tochter namens Barbara, die viel über Liebe und Ehe spricht. Die Ehe hat heute eine andere Bedeutung. Die jungen Leute bringt sie nicht mehr durcheinander. Ich selbst habe nie an die Liebe geglaubt. Ebenso wie sich Ärzte gegenüber Frauen neutral verhalten müssen, wenn sie mit ihnen zu tun haben, so muß das auch ein Schauspieler tun. Vor allem in dramatischen und rührenden Augenblicken ist das notwendig. Wenn wir unsere Arbeit beendet haben, dann sollten wir uns selbst schließen wie ein Buch. Ich schließe mich. Abseits von den Dreharbeiten bin ich ein völlig anderer Mensch. Meine Frau ist sehr intelligent. Sie weiß auch, daß Schauspielerinnen die harmlosesten Frauen der Welt

›Der Duft deiner Haut‹

sind: Ihr beruflicher Exhibitionismus steht weit über der Gefahr, die im wirklichen Leben von ihnen ausgeht.«

Faye arbeitete während ihrer 18 Monate andauernden Romanze weiter, und es heißt, daß Mastroianni Privatjets charterte, um sie an verschiedenen Drehorten zu besuchen. Es dauerte keine zwei Jahre, und die Affäre war beendet. Mastroianni war ein verheirateter Mann, der eine Tochter im Teenie-Alter hatte und mindestens 17 Jahre älter war als Faye, ein Faktor, der selbst für einen Amateur-Psychologen Grund genug ist, um Mutmaßungen über die Suche nach einer Vaterfigur anzustellen. Er wollte seine Frau nicht verlassen, und man behauptete, daß Faye ein Kind von ihm wollte. Eine Zeitung zitierte sie folgendermaßen: »Statt dessen hat er eins mit Catherine Deneuve gezeugt. Vielleicht war es auch gut so. Wirklich. Denn ich fürchte, ich war noch nicht reif genug, um Mutter zu sein.«

Nach der Trennung meinte Faye: »Es ist unmöglich, eine Beziehung auf eine gute Art enden zu lassen. Entweder setzt man sich zusammen und spricht über alles, was schiefgelaufen ist, oder man sagt einfach auf Wiedersehen. In diesem Fall war das Wort ciao.« Ein galanter Mastroianni meinte abschließend: »Ich habe viele Frauen geliebt, Faye am meisten.«

Ernüchterungen

Als Faye wieder nach Amerika zurückgekehrt war, begann sie mit ihrer Arbeit für einen Film mit Elia Kazan, der das nötige Geld aufgetrieben hatte, um seinen zum Teil autobiographischen Roman *The Arrangement,* der ein Bestseller geworden war, zu verfilmen.

Kazan hatte das Lincoln Center auf einem Tiefpunkt seines Lebens verlassen. Seine erste Frau war kurz zuvor gestorben, und er gab zu, von New York, dem Theater überhaupt und dem Lincoln Center im besonderen genug gehabt zu haben. Er reiste quer durch die Welt und blieb längere Zeit in Paris und London. Er hatte das Gefühl, daß es an der Zeit sei, die Herausforderung, einen Roman zu schreiben, ernsthaft anzugehen.

The Arrangement zu schreiben, war für Kazan eine Art seelischer Reinigung und bestätigt, was er als »meine letzte Unabhängigkeitserklärung« beschreibt. Diesen Roman zu schreiben war für Kazan eine persönliche Isolationserfahrung und Selbstanalyse, die ihn den kommerziellen Erfolg seiner Unternehmung völlig gleichgültig hinnehmen ließ: sicher hat er gar nicht damit gerechnet, daß sein Buch ein Bestseller werden würde. In Amerika war *The Arrangement* 37 Wochen auf dem ersten Platz der Bestsellerliste.

Kazan schrieb das Drehbuch selbst und kümmerte sich gleichzeitig um die ideale Besetzung. Die zentrale Figur des Films und damit Kazans Alter ego ist Eddie Anderson, ein sagenhaft erfolgreicher Werbefachmann, dem sein Ekel vor sich selbst immer galliger aufstößt bei dem Gedanken, daß er sein Talent prostituiert hat. Kazans erste und einzige Wahl für diese Rolle war Marlon Brando. Die beiden hatten schon in *A Streetcar Named Desire* (Endstation Sehnsucht, 1951), in *Viva Zapata!* (Viva Zapata, 1952) und in *On the Waterfront* (Die Faust im Nacken, 1954) zusammengearbeitet. Für diesen Film hatte Marlon Brando seinen ersten Oscar als bester Hauptdarsteller bekommen. Nach allgemeiner Einschätzung

Faye als Gwen in ›Das Arrangement‹

befand sich Brandos Karriere damals in einer Flaute und eine Wiedervereinigung mit Kazan schien eine weise Entscheidung zu sein. Zunächst unterzeichnete der Schauspieler. Deborah Kerr sollte Eddies geduldig leidende Ehefrau Florence spielen, und Raquel Welch war als Eddies Geliebte Gwen im Gespräch.

Ende April wurde Faye Dunaway für die Rolle der Gwen verpflichtet: ihre Gage soll sich auf 600000 Dollar belaufen haben. Nach der Ermordung Martin Luther Kings sagte Marlon Brando ab, weil er, wie er sagte, sich mehr um die Bürgerrechtsbewegung kümmern wolle. Man sah ihn in der Trauerprozession für den ermordeten Black-Panther-Führer Bobby

James Hutton, und er war nicht von seiner Entscheidung, nicht zu filmen, abzubringen. Kazan meinte in einem Interview, daß Brando möglicherweise tiefere Beweggründe gehabt habe: »Ich glaube, daß einiges an dieser Rolle sehr viel mit ihm zu tun hatte. Er machte es mir unmöglich, ihn einzusetzen – ich glaube, ich sehe das ganz richtig –, und zwar aus verschiedenen Gründen, aber unter ihnen war eben dieser eine, daß ihm bei einigen Aspekten dieser Rolle unwohl war. Sie kamen einem seiner Grundzüge sehr, sehr nahe.«

Als Brando ging, kam Kirk Douglas. Die geschätzten Produktionskosten näherten sich der Sieben-Millionen-Dollar-Marke, ein Hohn für einen Film, in dessen Mittelpunkt eine

Faye mit Altstar Kirk Douglas in ›Das Arrangement‹

73

Attacke auf die materiellen Werte steht. Man drehte in New York, vor allem in Greenwich Village, und in einem alten Haus in Douglaston, das für Kazan völlig renoviert worden war.

The Arrangement sollte eine »sorgfältig ausgearbeitete Parabel über die Zwangslage des modernen zivilisierten Mannes, der in den Strudel des Erfolgs geraten ist«, sein. Der Film ist ein Frontalangriff auf materialistisches Streben und auf die Hohlheit des American Dream. Der erfolgreiche Geschäftsman (Kirk Douglas) unternimmt einen Selbstmordversuch, indem er seinen Wagen absichtlich gegen einen LKW lenkt. Er überlebt den Unfall, leidet aber fortan unter einem Trauma, und der Film entfaltet in einer Serie von Rückblenden die Gründe dafür, sein Leben und die Versuche seiner Umgebung, sein Handeln zu verstehen.

The Arrangement greift einige wichtige Themen auf, die aber durch die Art und Weise, wie sie abgehandelt werden, sehr verflachen. Einige Szenen läßt Kazan geradezu zur Burleske werden, so zum Beispiel, wenn bei einer Auseinandersetzung, in die Douglas verwickelt ist, mitten im Film Regietafeln mit den Anweisungen »Hau drauf« und »Platsch« zu sehen sind. In anderen Szenen wird auf sehr einfallsreiche Weise gezeigt, wie sehr Eddie zwischen zwei Frauen hin- und hergerissen ist. Bei einem Versuch, mit seiner Frau zu schlafen, schafft er es einfach nicht, die Bilder seiner Geliebten aus dem Kopf zu verbannen. In einer anderen Sequenz sieht man seine Frau Fotografien zerreißen, die Eddie und seine Geliebte Gwen nackt beim Herumtollen am Strand zeigen. Die auf dem Boden liegenden Schnipsel werden auf der Leinwand als eine Serie scharf projizierter Schnappschußposen lebendig. Dennoch scheinen Augenblicke, in denen Eddie seinem jüngeren Selbst lauscht, genauso deplaziert wie solche, in denen er sich mit einem Double unterhält.

Fayes Darstellung der Geliebten ist ein großer Wurf. Sie schafft es, dieser Frau mehr Konturen zu geben, als es nach dem Drehbuch möglich schien. Sie fühlt sich zu Eddie wie die sprichwörtliche Motte zum Licht hingezogen, aber sie ist sich ihrer Sehnsucht bewußt. Sie weiß, daß sie verletzt werden

›Das Arrangement‹: Faye und Kirk Douglas

wird und daß es nur Selbsttäuschung wäre, sich irgend etwas von Eddie zu erwarten. Eddie ist nicht in der Lage, seine Frau zu verlassen, und als sie sich von ihm trennt, versucht sie die Erinnerung an ihn durch eine Reihe unbefriedigender Beziehungen auszulöschen. Trotzdem fühlt sie sich noch immer leidenschaftlich zu ihm hingezogen, als er wieder in ihr Leben tritt. Als sie sich wieder begegnen, hat sie ein Kind. Ihr Leben ist zweigeteilt, auf der einen Seite steht Sex, auf der anderen Seite die platonische, stützende Beziehung zu einem Mann. Trotz ihrer Verletztheit sagt sie sich von ihrem sorgfältig geplanten Lebensstil los, da die sexuelle Spannung zwischen ihr und Eddie zu groß ist, um ihr zu widerstehen. Es gelingt Faye, eine komplizierte moderne Frau zu entwerfen, indem sie sowohl die Sexualität als auch diè Verletzbarkeit ihrer Figur überzeugend einfängt.

The Arrangement war kein Erfolg und erhielt einige herbe Kritiken. Viele waren der Ansicht, daß Kazan nicht den nötigen Abstand zu dem Stoff gehabt habe und daß seine persönliche Verwicklung seine Fähigkeiten überfordert habe. Der Film wurde als totales Chaos bezeichnet, als Kazans schlechtestes Werk. Kazan verteidigte den Film: »Zugegeben, *The Arrangement* hat seine Fehler, aber er ist auch ein verdammt außergewöhnlicher Film. Er handelt von einem erfolgreichen Amerikaner, er enthält Sozialkritik auf psychoanalytischer Ebene und er befaßt sich mit der Vergangenheit, dem Wert und der Natur Amerikas.«

Trotz der Anhäufung so großer Namen wie Kazan, Douglas, Dunaway und Kerr war der Film nicht davor zu bewahren, ein weiterer kostspieliger Reinfall zu werden. Gegenüber seinem Biographen Michael Ciment meinte der Regisseur zu der Enttäuschung vieler Leute: »Ich glaube, ich hätte es besser machen können. Ich hätte diesen Film mit einer kleineren Mannschaft in der Umgebung von New York machen sollen. Ich hätte eine Werbeagentur mieten und mit unbekannten Schauspielern arbeiten sollen. Dann wäre er hundertmal besser geworden. Ich hätte den Helden durch New York spazieren und dabei aus dem Buch lesen lassen sollen, das reflektierende Element wäre so besser zur Geltung gekommen, Momente der Ruhe hätten solche der Unruhe überwogen. vielleicht hätten sie ihm diese Seite seines Lebens eher abgenommen, wenn die Werbeagentur nicht gar so mondän, so aufdringlich gewesen wäre.«

Kirk Douglas ist als hart arbeitender Geschäftsmann völlig überzeugend und gibt seinem Eddie eine uneingeschränkte Energie mit. Doch gab es Überlegungen, ob nicht Brando die verschiedenen Schattierungen dieser Figur besser herausgearbeitet hätte. Kazan meinte dazu: »Kirk ist als Schriftsteller nicht wirklich glaubwürdig, Brando wäre es gewesen. Brandos Zwiespältigkeit kommt meinem Handeln und meiner Arbeit näher. Ich bestehe aus vielen kleinen Teilchen, die in meinem Inneren Krieg gegeneinander führen. Doch dafür geht von Douglas eine Lebenskraft aus, die mehr zu einem Werbefachmann und einem hetzenden, rücksichtslosen Menschen passt, als das bei Brando der Fall gewesen wäre. Brando würde man immer mißtrauen. In dieser Hinsicht, glaube ich, war Kirk überzeugender, als es Brando gewesen wäre. Kirk ist unglaublich gwieft. Er ist der gwiefteste Schauspieler, den ich kenne. Und ich verstehe nicht, daß die Leute auf seiner Darstellung herumhacken, denn ich finde, daß er in diesem Film großartig ist.«

Die Reaktionen auf die Leistungen von Deborah Kerr und Faye Dunaway waren nicht so zwiespältig: auch Kazan stand auf diesem Standpunkt: »Ich finde, daß die Gwen im Film viel besser ist als im Buch. Da ist weniger von ihr die Rede. Doch was über sie drinsteht ist wirklicher, hat weniger mit

›Das Arrangement‹

Phantasie zu tun. Und Deborah Kerr ist besser als die Florence im Buch. Sie ist weicher, während ihre Figur im Buch eher einer Karikatur gleichkommt.«

1978 brachte Deborah Kerr in einer Biographie ihre Bewunderung für ihre weibliche Gegenspielerin in *The Arrangement* zum Ausdruck. Sie nannte Faye »ein sagenhaftes Talent. Sie ist außergewöhnlich intelligent, zwar ein bißchen verrückt, aber das ist großartig. Sie sieht toll aus, und ich mag ihre eigenwilligen Vorstellungen. In meinen Augen ist sie eine phantastische Leinwandpersönlichkeit.« Deborah erkannte auch, wie schwer es für eine Frau ist, ihre Karriere in einer Zeit voranzutreiben, in der Männer das Filmgeschäft fast völlig dominieren. »Ich war das Produkt einer Maschinerie, die es ganz einfach nicht mehr gibt. Also werden diese Mädchen für Rollen engagiert, die keine Bedeutung haben, weil kaum noch Filme geschrieben werden, in denen es gute Frauenrollen gibt ... Daß sie es für Leute meines Alters nicht mehr machen, finde ich noch verständlich, aber wenn man sich überlegt, daß sie nicht einmal für sie oder für Julie Christie anständige Rollen schreiben ... Heute ist alles auf Männer zugeschnitten: Man muß Robert Redford, Al Pacino, Steve McQueen, Paul Newman oder Dustin Hoffman haben – oder am besten gleich alle zusammen, erst dann bekommt man das nötige Geld, um einen Film finanzieren zu können.«

Die acht zugkräftigsten Stars des Jahres 1969 waren alles Männer, doch trotzdem und trotz der kurz aufeinander folgenden Mißerfolge von *A Place for Lovers* und *The Arrangement* befand sich Faye noch in der glücklichen Lage, für ihre zukünftige Arbeit viele verschiedene Drehbücher zur Auswahl zu haben. In Italien hatte sie einmal gesagt: »Nach Bonnie and Clyde bot man mir Hunderte von Drehbüchern an. Nicht selten waren Sex und Nacktheit gefordert. Ich mag an die 40 Ichs haben, aber das eine, das jetzt gerade das Sagen hat, möchte keine Filme drehen. Ich bin am Theater ausgebildet worden und ich schätze es sehr, wenn eine Rolle auf geradem Weg durchgezogen wird. Im Film muß man wieder und wieder von vorne anfangen. Außerdem hasse ich den Dreck, der das ganze Filmgeschäft umgibt.« Ohne auf diese

›Das Arrangement‹

Gefühle Rücksicht zu nehmen, wurde Faye weiterhin von ihrer Arbeitswut angetrieben, und sie stürzte sich in ein Nonstop-Drehprogramm.

Sie verpflichtete sich für einen Streifen mit dem Titel *The Thing of It Is,* zu dem William Goldman das Drehbuch geschrieben hatte. Die Odyssee dieses Drehbuchs hat Goldman in seinem unterhaltsamen Buch *Adenventures in the Screen Trade* beschrieben. Goldman hatte seine Erzählung speziell für seinen Star aus *Butch Cassidy and the Sundance Kid* (Butch Cassidy und Sundance Kid/Zwei Banditen) Robert Redford für den Film adaptiert, doch machte dieser ihm schnell klar, daß er nicht weiter interessiert sei. Goldman beschrieb den Film als rauhe romantische Komödie über ein junges Paar, das sich entschließt, mit dem einzigen Kind nach Europa zu gehen, wo es versuchen will, seine Ehe zu retten.

Faye als »züchtige« Pfarrersfrau in ›Little Big Man‹ – im Hintergrund Dustin Hoffman

Die Frau ist ein gutaussehender WASP-Typ (Wasp: White, Anglo-Saxon, Protestant = weiße Hautfarbe, angelsächsischer Abstammung, protestantischer Konfession. Die WASPs gelten als Gründer der USA und stellen fast die gesamte soziale und politische Führungsschicht der USA.

Anm. d. Ü.). Ihren Mann Amos hat sie gegen den Willen ihrer Familie geheiratet. Als Faye zu dem Projekt stieß, war Elliott Gould als ihr Co-Star vorgesehen, die Auswahl der Regisseure hatte sich auf Stanley Donen und Mark Rydell verengt. Als Rydell versuchte, Goldman herauszudrängen, drückte der Autor auf den Selbstzerstörungsknopf, und das Projekt wurde niemals realisiert.

Faye arbeitete danach wieder mit Arthur Penn in *Little Big Man* zusammen, in dem sie eine Cameo-Rolle übernahm. »Es war die nette, kleine Rolle der Pfarrersfrau, die eine Nutte wird«, erklärte sie. »In *Bonnie and Clyde* waren Arthur und ich uns so nahe, daß ich für ihn durchs Feuer gehen würde.«

Die Starrolle in diesem großangelegten Rückblick auf ein Stück amerikanischer Historie ging an Dustin Hoffman, der den 121 Jahre alten Jack Crabb spielt, den einzigen Überle-

›*Little Big Man*‹

benden der letzten großen Schlacht des legendären General Custer. Arthur Penn hatte die Rechte an Thomas Bergers Roman bereits 1965 erworben. Der Film entstand mit einem Sechs-Millionen-Dollar-Budget in Montana, in Kalifornien und in der kanadischen Provinz Alberta. Duch die Hilfe der Crow-, Cheyenne- und Stony-Nations-Indianer gewann der Streifen an Authentizität, wobei es zunächst bei der Besetzung des Indianerhäuptlings Old Lodge Skins einige Probleme gegeben hatte. Penn hatte sie sowohl Paul Scofield als auch Laurence Olivier angeboten, er hatte sogar schon den Charakterdarsteller Richard Boone unter Vertrag gehabt, doch stieg dieser vor Beginn der Dreharbeiten wieder aus. Er machte damit den Platz frei für den 70jährigen kanadisch-indianischen Schauspieler Chief Dan George.

Das reichlich komische Treiben in *Little Big Man* erzählt Crabbs unglaubliche und ausgedehnte Abenteuer als Pionier, als adoptierter Indianer, als Saufkumpan von Wild Bill Hickok, als Jahrmarktsattraktion und als Überlebender von Custers letzter großer Schlacht. In einer Episode wird er aus den Klauen der wilden Cheyenne befreit und dem gottesfürchtigen Priester Silas Pendrake anvertraut, der ihm eine moralische und christliche Erziehung verspricht. Jack wird dann der zärtlichen Obhut von Fayes äußerst aufnahmebereiter Mrs. Pendrake überlassen. Sie ist eine inbrünstige Gospelsängerin, die religiöse Glut mit sexuellem Appetit vereinigt und Jack in seiner Badewanne glücklich einseift, während sie Hymnen singt. Diese Szene ist möglicherweise eine Wiederaufnahme derjenigen, von der Michael J. Pollard behauptet, sie sei von Warner Brothers aus *Bonnie and Clyde* herausgeschnitten worden. Jahre später – Jack hat einige neue Heldentaten begangen – besucht er auf der Suche nach einem Mädchen namens Lulu ein Bordell, in dem sich diese als Mrs. Pendrake entpuppt.

Wie viele andere Rollen, die Faye Dunaway gespielt hat, ist auch diese Mrs. Pendrake eine unbefriedigte Frau, deren Triebe unter einer ruhigen Oberfläche verborgen werden, und die Schauspielerin ergötzt sich an dieser wunderbaren Dualität dieser Frauenrolle. Als man 1971 eine Endabrech-

›Little Big Man‹

nung der Jahreseinnahmen aus *Little Big Man* erstellte, erwies er sich als erfolgreichster amerikanischer Film nach *Love Story*. Allein 1971 hatte er 15 Millionen Dollar eingespielt.

Während Fayes transatlantischer Liebschaft mit Marcello Mastroianni war der Kontakt zu ihrem Ex-Verlobten Jerry Schatzberg nicht abgerissen, sie waren gute Freunde geblieben. Schatzberg bereitete sein Regiedebut mit ihrem lange geplanten gemeinsamen Projekt, *The Puzzle of a Downfall Child,* vor.

Faye schätzt den selten gezeigten *Puzzle of a Downfall Child* sehr, aber in diesem einen Fall werden selbst ihre Verehrer anderer Meinung sein dürfen. Vielleicht kam die ursprüngliche Absicht des Drehbuchs an keiner Stelle des Films richtig heraus, vielleicht war auch das ganze Vorhaben zu persönlich, um noch Objektivität walten lassen zu können. »Wir hatten ein unglaubliches Drehbuch«, meinte sie einmal. »Adrian Joyce hatte es geschrieben, es war das Pseudonym einer Frau namens Carol Eastman, die auch *Five Easy Pieces* geschrieben hatte. Es war die Geschichte eines Fotomodells, das sein ganzes Leben versucht hatte, aus dem Geschäft herauszukommen, es aber entsetzlich fand, als sie es schließlich geschafft hatte. Es war mehr als das, aber es war die Geschichte eines Lebens. Ich habe das Drehbuch gelesen und die Originaltonbänder gehört. Vorbild war ein sehr wichtiges und enorm begabtes Modell. Wir meinen, daß dieses Modelldasein einfach ist, aber das ist nicht so. Schauspiel ist Gestik, ein großer Teil Gestik, und in Filmen sind es in erster Linie die Augen. Modellsein heißt, durch eine Gebärdensprache etwas Bestimmtes ausdrücken zu müssen, das ist kein leichter Beruf. Ihr Beruf bestand aus Posen, und sie haßte das. Außerdem konnte sie nur relativ kurz als Modell arbeiten, denn anders als Schauspielerinnen kann sie in ihrem Beruf nicht weiterarbeiten, sobald sie die ersten Alterserscheinungen zeigt. Das erdrückte sie fast. Sie verbrachte ihr ganzes Leben damit, auf den Ausstieg zu warten, um dann ein normales Leben zu führen. Sie könnte am Meer leben, Bilder malen, lesen und im Film sagt sie: ›Ich hasse es, ich hasse es ganz einfach.‹ Sie haßte es, weil man nicht sein Leben damit verbringen kann, auf einen Augenblick zu warten, von dem man sich sein Glück erhofft. Die Tragödie dieser Frau liegt darin, daß sie glaubt, daß man im Leben einmal glücklich sein muß.«

Der Film geriet zu einem großen Durcheinander, und Faye sah den Schuldigen dafür bei den Universal Studios: »Sie hatten absolut kein Vertrauen, und sie haben viele Sequenzen neu geschnitten. Das kommt manchmal vor. Sie haben ihn geschnitten, falsch wieder zusammengesetzt und nicht das geringste getan, um ihn zu verkaufen. Der Film war nie kommerziell gedacht, und ich glaube, sie waren im Unrecht, aber das werden wir wohl nie herauskriegen.«

Auch wenn der Film kaum Zuschauer anzog, hält ihn Faye sehr hoch: »Als Regisseur habe ich vor Jerry überaus großen Respekt. *Puzzle of a Downfall Child* ist einer meiner besten

Filme ... Ich habe immer gerne mit Leuten zusammengearbeitet, die ich kenne und mag. Filme sollten mit Liebe, Hingabe und Hochachtung gemacht werden.«

Im Rahmen ihres strapaziösen Arbeitsplans flog sie nun nach Europa, wo sie mit einem sehr angesehenen Regisseur einen weiteren Western drehen sollte. Der in New York geborene Frank Perry hatte zunächst im Fernsehen gearbeitet, bis er 1962 mit *David and Lisa* (David und Lisa), einer einfühlsamen und vielbewunderten Geschichte über zwei geistig gestörte Jugendliche, seinen ersten Spielfilm drehte. Er wurde als bester Regisseur für den Oscar nominiert. Später setzte er seine interessante Laufbahn mit Filmen wie *The Swimmer* (Der Schwimmer, 1968) und *Diary of a Mad Housewife* (1970) fort. Eine zufällige Begegnung mit dem Journalisten Pete Hamill resultierte in dem gemeinsamen Drehbuch

›*Puzzle of a Downfall Child*‹: Faye und Barry Primus

Doc (Doc). United Artists entschieden sich innerhalb von 24 Stunden nach Erhalt des Drehbuchs dafür, den Film zu finanzieren.

Man beschloß, in Spanien zu drehen. »Aus den üblichen finanziellen Gründen«, gab Perry zu. »Zuerst wollten wir nach Mexiko gehen, doch gab es dort Probleme mit der Zensur, so daß wir den Film dort nicht drehen konnten. Außer in Mexiko und in den USA gibt es nirgendwo genügend freien Raum, auf dem wir unsere Kulissen aufbauen könnten.« Das Budget wurde auf 2,25 Millionen Dollar festgelegt, und man darf davon ausgehen, daß es sich verdoppelt hätte, wenn man den Film in den USA gedreht hätte.

Faye Dunaway und Stacy Keach waren von Anfang an die erste Wahl für die Rollen der Kate Elder und des Doc Holliday. Sie waren beide zum richtigen Zeitpunkt frei, so daß man sie verpflichten konnte. Für die Rolle des Wyatt Earp machte man mit einigen Schauspielern Probeaufnahmen, ehe sich Perry an einen erinnerte, der bei Stacy Keachs Probeaufnahmen mitgespielt hatte, es war Harris Yulin, der mit Keach schon in *End of the Road* (1970) vor der Kamera gestanden hatte. Die übrigen Rollen besetzte Perry auf sehr unkonventionelle Weise; er suchte sich Namenlose und Laienschauspieler, um seinen Film realistischer zu gestalten. Auf diese Weise wurde Dan Greenberg, der Autor von *How to Be a Jewish Mother,* zum Darsteller des Herausgebers des *Tombstone Epitaph,* und der New Yorker Amtsvorsteher John Scanlon verbrachte seinen Urlaub in Almeria, um in die Rolle des Bartlett zu schlüpfen.

Während der Dreharbeiten, die von August bis November dauerten, hielt sich standhaft das Gerücht, daß Marcello Mastroianni mit seinem Lear-Jet an den Wochenenden nach Spanien flog, um mit ihr zusammen zu sein. Die Schauspielerin schützte ihre Privatsphäre und wechselte ihren Aufenthalt ständig zwischen drei verschiedenen Madrider Adressen. Es sah so aus, als fühlte sie sich wohl, und während des Festivals in Almeria arbeiteten Besetzung und Mannschaft mittags durch, um abends die Stierkämpfe sehen zu können, die Faye wegen des uralten Rituals und der Tapferkeit be-

Stacy Keach, Faye und Mike Witney in ›Doc‹

wunderte. Sie war auch von ihren Kollegen sehr angetan. »Normalerweise mache ich mir um Schauspieler keine Gedanken, aber diese Jungs hier in *Doc,* sie sind das Stimulierendste, was ich bisher kennengelernt habe: Stacy Keach, Harris Yulin und der Regisseur Frank Perry. Wir sind alle dicke Freunde. Deshalb arbeiten wir auch so gut zusammen.«

Doc sieht den alten Westen mit seinem sehr realistischen Mangel an Glanz aus einer modernen, revisionistischen Perspektive. Anders als frühere Verfilmungen des legendären Gefechts am OK Corral bleibt Perry den wahren Geschehnissen treu und zeigt es als das 23-Sekunden-Scharmützel, das es in Wirklichkeit war. Trotz dieses Bemühens um Wahrheitstreue ist dieser Film weniger unterhaltsam als etwa *Gunfight at the OK Corral* (Zwei rechnen ab, 1957) oder John Fords *My Darling Clementine* (Faustrecht der Prärie/Tombstone,

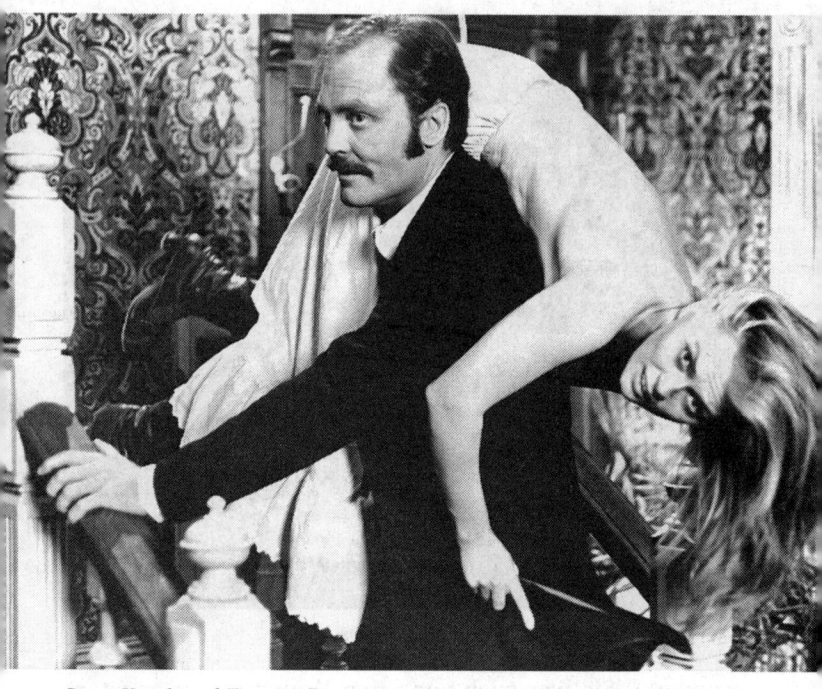

Stacy Keach und Faye in ›Doc‹

1946), und das wirkte sich auf die Zuschauerzahlen deutlich aus. Das Magazin *Time* fertigte ihn beiläufig mit folgender abfälligen Bemerkung ab: »Ein weiterer Western für schicke Menschen.« Faye selbst kam wesentlich besser davon. In der Rolle der Kate Elder hielten manche sie sogar für besser als in *Bonnie and Clyde.*

Im September 1970 wurde angekündigt, daß sie als nächstes in *The Girl on the Green Mountain* unter der Regie von Michael Elliott mitspielen würde. Der Film sollte ausschließlich in Norwegen gedreht werden, als ihre Co-Stars waren Liv Ullmann und Tom Courtenay geplant. Faye hätte drei Gesichter ein und derselben Frau vorführen sollen: als Braut, die ihrem Ehemann noch am Hochzeitstag untreu wird, als Teufelsfrau und als sinnliche ägyptische Bauchtänzerin. Das

Projekt klang sehr interessant, wurde aber wie so viele nicht realisiert.

Auch ihren nächsten Film drehte Faye in Europa und wieder war für ihre Wahl die Möglichkeit, mit einem angesehenen europäischen Regisseur arbeiten zu können, ausschlaggebend. In einem Interview mit *Show Business* hat sie einmal ihre Hochachtung für französische Regisseure zum Ausdruck gebracht. Sie schätzte François Truffaut sehr, vor allem sein *Jules et Jim,* außerdem Jean-Luc Godard, Costa-Gavras und Eric Rohmer, dessen Film *Le Genou de Claire* (Claires Knie, 1970) sie gerade gesehen hatte. Nun wollte sie mit René Clément zusammenarbeiten. Hätte sie das Endresultat ihrer Zu-

›Doc‹: Stacy Keach und Faye

sammenarbeit mit De Sica berücksichtigt, dann hätte sie gewußt, daß allzu große Hoffnungen für dieses Projekt nicht angemessen waren.

Clément hatte als Dokumentarfilm-Regisseur begonnen. In den späten 40er oder 50er Jahren hatte er einige große Werke gedreht, für *Au-dela des grilles* (Die Mauern von Malapaga, 1949) und *Les Jeux Interdits* (Verbotene Spiele, 1952) hatte er sogar Oscars erhalten. Seine neueren Filme ließen den Eindruck entstehen, daß er seine guten Tage schon hinter sich gelassen hatte *Paris brûle-t-il?* (Brennt Paris?) und *Rider in the Rain* (1969) waren deutliche Anzeichen dafür, daß sein Standard noch weiter sank. Faye vertraute auf seine Fähigkeiten, sie erklärte: »Ich mache meinen nächsten Film, *La Maison sous les arbres* (Das Haus unter den Bäumen) mit dem französischen Altmeister René Clément, weil er mit der Kamera sagenhaft umgehen kann. Ich habe gelernt, Regisseure zu respektieren, denn wo stünde man sonst in diesem Beruf?«

In Amerika und Großbritannien lief *La Maison sous les arbres* unter dem Titel *The Deadly Trap*. Der Film basierte auf einem Roman mit dem Titel *The Children Are Gone*. Während der Dreharbeiten wurde über den Inhalt des Films striktes Stillschweigen bewahrt, doch später sprach Clément bereitwillig über ihn. »Es ist die Geschichte eines amerikanischen Ehepaares (Faye Dunaway und Frank Langella). Sie leben seit zwei Jahren in einer Pariser Gegend, die es ihnen sehr angetan hat. Sie haben zwei Kinder. Nicht die Tatsache, daß beide Amerikaner sind, macht die Geschichte interessant, sondern daß der Mann einen hochkarätigen Posten aufgegeben hat, um in einem Pariser Verlag für sehr viel weniger Geld zu arbeiten. Man könnte sagen, daß *La Maison sous les arbres* ursprünglich eine Liebesgeschichte ist, denn heutzutage ist es sicher sehr selten, ein Ehepaar zu treffen, das sich noch wirklich liebt. Die beiden haben ein wenig die Orientierung verloren. Sie mögen Paris, aber es ist nicht ihre Heimat. Mit der neunjährigen Tochter gibt es gewisse Probleme, der Sohn ist der Augapfel seiner Mutter. Im großen und ganzen schafft es das Paar, sich so durchzuwursteln.« Die Ehefrau

Faye als Jill Hallard in René Cléments ›Das Haus unter den Bäumen‹

geht regelmäßig zum Psychiater, während der Mann durch und durch Wissenschaftler ist, der besonders an einer rationalen Erklärung für die Geschehnisse auf dieser Welt interessiert ist. Das Problem liegt in der völligen Gegensätzlichkeit ihrer Anschauungen. Die Streitfragen zwischen beiden müssen eines Tages zwangsläufig auf das Schwarz-Weiß-Schema reduziert werden. Im Mittelpunkt des Films steht der Mangel an Verständnis. Heutzutage ist das Leben so komplex, daß keiner mehr die Zeit aufbringt, seinen Nachbarn zu verstehen. In diesem Film vereinen sich einige Ereignisse, die unserem Held und unserer Heldin zum ersten Mal Aspekte ihres Lebens und ihrer Beziehung aufzeigen, von denen sie bis dahin keinen blassen Schimmer hatten. So könnte man das zentrale Thema dieses Films zusammenfassen. In jedem Lebewesen gibt es eine Ecke, die völlig von anderen Menschen mit Beschlag belegt ist, aber auch von der Welt, wie sie heute ist, und Dingen, die morgen geschehen, von Ereignissen, die auf unergründliche Weise Wendungen nehmen, die uns alle angehen. Aber hier konzentriere ich mich ausschließlich auf die Probleme meines Paares. Beide glauben, daß sie gegen Gefahren gefeit sind, aber das gibt es ganz einfach nicht. Dennoch kann selbt eine so negative Erfahrung, wie die beiden sie machen, sich zum Positiven wenden. Alles hat einen bestimmten Zweck im Leben, alles hat sein Gutes. Der Beweis dafür ist, daß das Paar sein Glück und seinen inneren Frieden trotz der Schicksalsschläge, die sie durchgemacht haben, wiederfindet.«

Clément sprach auch über seine Arbeitsbeziehungen zu den Schauspielern: »Schauspielern gehört meine große Liebe. Ich bin entzückt, mit zwei Künstlern vom Schlage einer Faye Dunaway oder eines Frank Langella zusammenarbeiten zu können. Schauspieler haben genau wie alle Künstler ihre Macken und Vorzüge, ihre Grillen und ihre Zweifel – und ihre Ängste. Schauspieler sind oft wie kleine Kinder. Man muß sie mit harter Hand führen, oder es ist der Teufel los. Wenn ein Schauspieler nichts kann, dann ist er einfach unerträglich. Er hat nichts als seine Fehler beizutragen. Aber große Schauspieler sind eine Quelle der Bereicherung. Ich bin mir sicher, daß in den Augen der breiten Öffentlichkeit die Arbeit eines Regisseurs in erster Linie darin besteht, die Schauspieler zum Erlernen ihres Textes zu zwingen und ihnen zu zeigen, welche Mienen und Ausdrücke sie wann und wo einzusetzen haben. Aber in der Praxis sieht das völlig anders aus. Man muß in die tiefsten Tiefen einer Schauspielerpersönlichkeit und ihrer Gefühle eintauchen. Wie ich schon sagte, es kommen zwei Kinder in dem Film vor. Glauben Sie mir, die spielen wie Profis, nur weil ich sie wie Erwachsene behandle. Ich erkläre ihnen, warum sie traurig oder glücklich sind. Die Vorstellung der kleinen Michele ist ein Spiegelbild Faye Dunaways. Mutter und Tochter sind sich sehr ähnlich.«

Doch trotz aller guten Absichten und Methoden gelang *La Maison sous les arbres* überhaupt nicht. Er wurde ein langatmiger, kraftloser Thriller und damit ein weiterer Mißerfolg für Faye Dunaway. Ihre ganze Aufgabe besteht darin, all die Veränderungen zu registrieren, die eintreten, als ein Spionagering den Wissenschaftler und früheren Landsmann Frank Langella und seine labile Frau in Angst und Schrecken zu versetzen beginnt. Gnadenlose Kritiker sprachen von tödlicher Langeweile.

Ein Stern verblaßt

Für Faye war das Streben nach einer erfolgreichen Laufbahn immer von größter Wichtigkeit. Ihre berufliche Entwicklung kann sie 1972 nur mit einigem Unbehagen registriert haben. Die Erregung und das Lobgehudel, die ihre »Entdeckung« in *Bonnie and Clyde* ausgelöst hat, hat zwangsläufig nachlassen müssen; man konnte von niemandem erwarten, daß er dieses Niveau und diese Vollkommenheit immer halten kann. Von all den Filmen, die sie nach *Bonnie and Clyde* gemacht hat, sind nur zwei Publikumserfolge geworden: *The Thomas Crown Affair* und *Little Big Man*. Die anderen waren im wesentlichen Enttäuschungen und entmutigende Mißerfolge.

»Das Schauspielen nimmt mich völlig in Anspruch«, erzählte sie einmal. »Ich bin so gespannt dabei, daß es schon lächerlich ist. Wenn es um meine Arbeit geht, bin ich ziemlich rücksichtslos. Wenn ich arbeite, dann total. Ich gehe um halb neun Uhr abends ins Bett und stehe um fünf Uhr morgens auf. Auf solche Kleinigkeiten kommt es an.« Ein anderes Mal soll sie gesagt haben: »Ich habe nie gearbeitet, um berühmt zu werden, ich wollte nur einen gewissen Grad an Selbsterfülltheit erreichen.« Für Faye ist ihre Arbeit ein Ventil für ihre Energie und ihren Ehrgeiz. Eine Figur erfolgreich zu charakterisieren ist für sie ein Prozeß der Selbsterkennung, und die Belohnung liegt in Momenten der Wahrheit, die sie durch ihre Vorstellung erreicht. Auf einer anderen Ebene ist Schauspielen ein hochgradig von Konkurrenzkampf geprägter Beruf, der seine eigenen Spielregeln hat, vor allem im Filmgeschäft. Persönlicher Erfolg und die Anerkennung guter Leistungen gehen Hand in Hand mit Starruhm und dem daraus resultierenden enormen Druck. Um eine Karriere am Laufen zu halten, müssen persönliche Wünsche und berufliche Anforderungen miteinander im Einklang sein. Eine Schauspielerin muß die Pros und Contras ihres Ruhms erkennen. Auf der einen Seite sind da die Anerkennung des Talents und die Lobesworte, das hohe Einkommen und die Möglichkeit, aus vielen Angeboten das beste zu wählen, aber der Ruhm bringt eben auch einen Erwartungsdruck mit sich, dem der Schauspieler sich unterzuordnen hat, sowohl dem des Publikums als auch dem der Kritiker. Die frühen Siebziger verbrachte Faye damit, ihre persönliche Befriedigung, die sie aus ihrem Beruf zog, mit der neuerworbenen Ruhmeslast unter einen Hut zu bringen.

Nach einer angespannten, freudlosen Jugend hatte sie die Augenblicke des Ruhms mehr als verdient.»Ich glaube, sie war damals noch ziemlich grün«, meinte einer ihrer Kollegen. »Dieser ganze Starrummel beeindruckte sie, der Rolls-Royce, der Chauffeur, ihr ganzes Verhalten sprach dafür.« Die Parties, ihre Affäre mit einem stattlichen italienischen Star, all die Zeitungsseiten, auf denen eine Vielzahl von Darstellungen und Titelgeschichten jeweils behaupteten, die wahre Faye Dunaway zu präsentieren, während sie instinktiv wußte, daß neben all dem Glanz und der Gelassenheit noch immer ein großer Teil des einsamen Kindes in ihr fortlebte.

»Sie brauchen die allzu schöne Frau oder das sogenannte Glamour-Girl nicht zu beneiden. Das ist nicht alles. Es ist hochgejubelt worden«, gab sie einmal zu. »Sie sagen, ich hätte es geschafft, aber tief drinnen fällt es mir immer schwer, weil ich Angst habe. Ich habe immer gedacht, daß alles in Ordnung wäre, wenn ich nur hart arbeitete und Erfolg haben würde. Als ich dann Erfolg hatte, und so schnell, war das sehr erschreckend für mich, und ich habe festgestellt, daß ich mich nicht einfach über Nacht verändert habe, und der Umgang mit Menschen für mich immer noch problematisch war.«

Ihre Mutter hatte ihr am Ende des Regenbogens, genannt Ruhm, alle Schattierungen des Glücks versprochen, aber das Leben richtete sich nicht nach dem Filmzauber von Oz. Die Probleme, die sie mit ihrer Karriere hatte, überragten alles, und unvoreingenommene Beobachter stellten fest, daß ihr Schwung in den Jahren nach *Bonnie* ins Stocken geraten war. »Die Leute sind jederzeit dazu bereit, mit dem Finger auf dich zu zeigen, wenn du nicht von Erfolg zu Erfolg eilst«, erwiderte sie darauf, »aber *Bonnie and Clyde* war für alle eine Überraschung. Keiner hat mit diesem Riesenerfolg gerechnet. Und man kann einfach kein Erfolgsrezept ausarbeiten. Es gibt so viele verschiedene Kriterien, alles ist so vage, und man kann kein Rezept ein zweites Mal verwenden und darauf hoffen, daß es wieder zum Erfolg führt. Das geht einfach nicht. Ich bin Schauspielerin und muß verschiedene Rollen spielen. Ich kann nicht für den Rest meiner Laufbahn die Bonnie Parker spielen, außerdem will ich das nicht.«

Die gewissenhaften Kritiker wollten wissen, ob sie wirklich so gut war, wie es allgemein hieß, oder ob sie nur so gut war wie *Bonnie and Clyde.* Ihre Leistungen in späteren Produktionen, angefangen bei der Verletzbarkeit der Gwen in *The Arrangement* bis zur robusten Sinnlichkeit der Mrs. Pendrake in *Little Big Man,* hatten sie nicht zufriedenstellen können. Es ist beinahe unvermeidlich, daß Stars von Kritikern angegriffen werden. Es sieht so aus, als würde man ein Idol nur aufbauen, um dann sehen zu können, daß es auf tönernen Füßen steht. Anders als ein Unbekannter muß ein Star sich mit ebensovielen Anhängern wie Lästerern abmühen, wobei es letztere allzu glücklich macht, wenn sie zusehen können, wie jemand aufs Gesicht fällt. Die wenig zufriedenstellende Qualität ihrer europäischen Filme hatte für Leute dieser Art genügend Munition geliefert. Diese Unzufriedenheit mit ihrer Nach-Bonnie-Karriere wirkte sich momentan auch auf Faye aus. Ein Freund aus ihren frühen Tagen am Lincoln Center stellte fest: »Faye hat immer gesagt, daß sie entschlossen sei, bis ins hohe Alter zu spielen, daß sie genauso bewundert werden wolle wie Edith Evans. Nun habe ich aber den Eindruck, als wäre die Schauspielerei für sie nicht mehr so lebenswichtig, wie das früher der Fall war.«

Zu dieser Zeit fand es Faye selbst notwendig, ihre ganze Begeisterung für ihren Beruf neu zu beleben, und sie meinte, daß ihr dabei die Rückkehr zu ihren Wurzeln am Theater am meisten helfen könne. »Ich hoffe, schon bald zum richtigen Drama zurückzukehren. Ich möchte die großen klassischen Rollen spielen, Cleopatra, Lady Macbeth, und es wäre mir völlig egal, auf welcher Bühne, ob in London oder New York, in Manchester oder Connecticut. Aber die Leute erzählen einem die ganze Zeit, daß man weiterhin Filme machen müsse oder man werde vergessen, und natürlich ist es leicht, einfach einen Film nach dem anderen zu machen. Aber ich muß meine Laufbahn besser ausbalancieren. Ich glaube, es hat sich zu meinem schauspielerischen Nachteil entwickelt, daß ich mich zu sehr auf den Film konzentriert habe.« 1971 ermöglichte es ihr das Fernsehen, in der Verfilmung des Broadway-Hits *Hogan's Goat* mitzuwirken. Ein Kritiker beschrieb diese Produktion in *Variety* als »ein herrlich inszeniertes und von einer erlesenen Besetzung sorgfältig gespieltes«, aber dennoch »reichlich ermüdendes, schwerfälliges Zwei-Stunden-Melodram«.

Auf der Suche nach Abwechslung kehrte sie 1972 zu diesem Medium zurück. Sie übernahm die Rolle einer Frau, die ihr Interesse erweckt hatte, die der Wallis Simpson.

The Woman I Love war eine stundenlange Dramatisierung der Abdankungskrise, in der Edward VIII. 1936 auf den englischen Thron verzichtet hatte, um die geschiedene Amerikanerin Wallis Simpson heiraten zu können. Faye begann diese Frau, die sie als »mutige und ehrgeizige Kindsentführerin, die mit dem Märchenprinzen durchgebrannt ist«, beschrieb, zu bewundern. Richard Chamberlain übernahm die Rolle des Edward.

Wie ehrlich Fayes Wunsch war, zum Theater zurückzukehren, zeigt ihre Ablehnung der weiblichen Hauptrolle in *The Getaway* (Getaway, 1973), in dem Steve McQueen der Held war. Sie trat in Harold Pinters *Old Times* im Mark Taper Forum in Los Angeles auf und fühlte sich als Schauspielerin wieder wachsen.

Auch danach blieb sie der Bühne treu. In einer Inszenierung von Tennessee Williams' Stück *A Streetcar Named Desire* (Endstation Sehnsucht) spielte sie in Los Angeles die Blanche du Bois, Jon Voight den Stanley Kowalski.

Voight gab zu, daß seine Zusammenarbeit mit Faye Dunaway von Höhen und Tiefen durchzogen gewesen sei, doch stellte er fest, daß sie für neue Ideen und für Improvisationen in der Darstellung der Charaktere offen war.

Man kann sich vorstellen, wie sehr Fayes Interpretation der unterdrückten Sexualität der Blanche diesem Charakter gerecht geworden ist: ihre Südstaatenprägung machte sie zur idealen Wahl. Die Kritiker nahmen die Inszenierung dennoch sehr negativ auf, auch wenn viele Vorstellungen vor ausverkauftem Haus stattfanden.

Sie kehrte danach zur Leinwand zurück. In *Oklahoma Crude* (Oklahoma Crude) spielte sie unter der Regie von Stanley

Faye als Lena Doyle in ›Oklahoma Crude‹

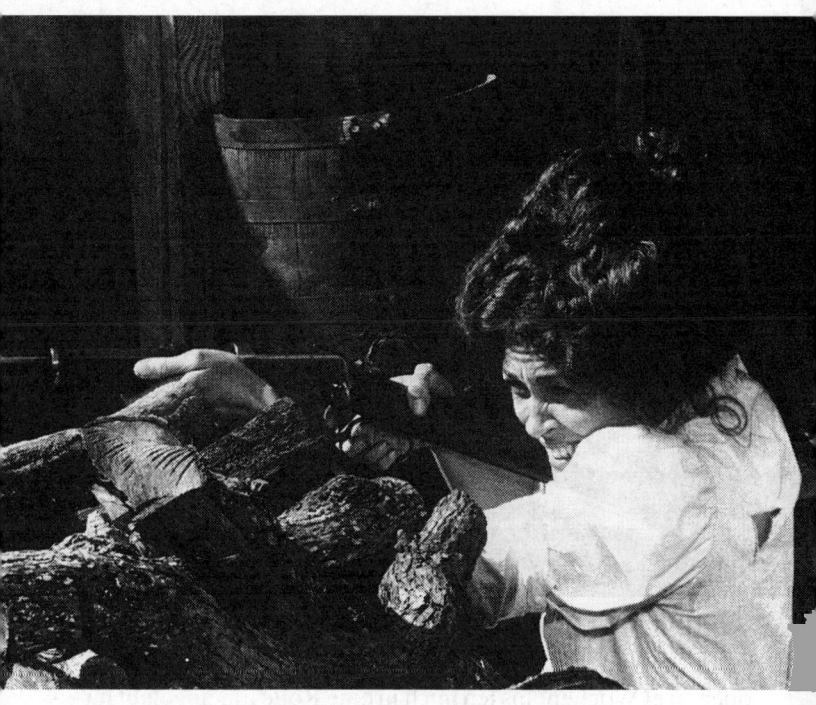

Eine Frau steht ihren Mann: Faye in ›Oklahoma Crude‹

Kramer eine entschlossene alleinstehende Frau, die ihr hart
erkämpftes Ölvorkommen mit aller Härte gegen das Big Business verteidigt, wobei ihr ihr umherziehender Vater John
Mills und George C. Scott helfen. Dieser Film war Kramers
bester seit mehreren Jahren, eine unterhaltsame, ausgelassene Geschichte über das Individuum, das sich gegen eine Gesellschaft durchsetzt. Dieser Kampf war zugleich ein Krieg
der Geschlechter, der an die besten Tage von Spencer Tracy
und Katharine Hepburn erinnerte. Faye geoß es, mit George
C. Scott zusammenzuarbeiten und meinte über ihn voller Bewunderung: »Gleich am ersten Tag taucht er am Drehort auf,
als hätte er in einer Aktenmappe alle Figuren verstaut. Ich
beneide ihn darum sehr, denn ich brauche in der Regel ein

99

›Oklahoma Crude‹

oder zwei Wochen, bis ich mich in eine Rolle hineingelebt habe. Er ist gut, und deswegen bin auch ich besser.«
Sie war unglücklich darüber, daß der Film nicht mehr Zuspruch fand, doch offenbar war seine solide konventionelle Machart nicht das, was ein Publikum sich wünschte. »Es hätte eine sprühende Komödie werden können«, meinte sie hinterher, »und hätte es auch sein müssen, denn keine Frau schafft es körperlich, Öl so gut zu fördern, schon das ist per definitionem lustig. Aber Stanley wollte nicht, daß ich es lustig darstelle.« Ein kleiner Trost war die Tatsache, daß der Film 1973 beim Moskauer Filmfestival den ersten Preis erhielt. Noch nie war einer amerikanischen Produktion diese Ehre zuteil geworden. Es hieß in der Begründung, daß der Film eine Parabel auf die menschliche Gier sei, die es der Moskauer Jury sehr angetan habe.
Danach trat sie zum ersten Mal in einem Multi-Star-Vehikel,

in *The Three Musketeers* (Die drei Musketiere), auf, was ein ziemlich sicheres Anzeichen dafür war, daß ihre Karriere nicht mehr das war, was sie schon einmal gewesen war.

Im Frühherbst 1972 nisteten sich der Filmemacher Pierre Spengler und das Vater-Sohn-Team Alexander und Ilya Sal-

›Die drei Musketiere‹: Faye als Lady de Winter

kind in einem Luxushotel an der französischen Riviera ein. Sie unterhielten sich ohne großen Ernst über ein Vehikel für die Rückkehr der Beatles und kamen dabei auf die drei Musketiere zu sprechen. Die etwas phantastische Erwägung einer Beatles-Wiedervereinigung wurde bald beiseite geschoben, doch die Idee, *Die drei Musketiere* zu verfilmen, nistete sich in ihren Köpfen ein.

Zunächst dachte man an eine Verballhornung des Stoffs, bei der man an die geweihten Namen von Bob Hope, Jerry Lewis und Danny Kaye dachte. Doch da sowohl Hope als auch Kaye nicht mehr in der Blüte ihrer Jugend standen und die drei Stars außerdem in den letzten Jahren keinen großen Filmhit zu verbuchen gehabt hatten, verwarf man dieses Konzept als unökonomisch und tollkühn.

Die Salkinds galten im Filmgeschäft als rührige Unterneh-

›Die drei Musketiere‹: Faye und Christopher Lee

Raquel Welch und Faye im Kampf um die Diamanten der Königin: ›Die drei Musketiere‹

mer, die sich durch den Finanzierungsdschungel mit Haken und Ösen schlugen, ebenso wie bei der Aushandlung von Verleihverträgen. Ein Beobachter der Szene stellte einmal fest: »Salkind ist der größte Schnellredner. Ohne einen einzigen Pfennig Guthaben bei der Bank verspricht er einem Star eine Million, mit dessen Zusage rast er dann zur Bank und bekommt prompt den Kredit. Trotzdem war die Finanzierung von *The Three Musketeers* ein Wunder.«

Das offene Scheckheft der Salkinds und ein gutes Drehbuch von George McDonald Fraser hatten eine außergewöhnliche internationale Starbesetzung bewirkt. Michael York übernahm die Rolle des schneidigen, liebenswerten Landjungen d'Artagnan, die drei Musketiere wurden von Oliver Reed, Richard Chamberlain und Frank Finlay dargestellt. Charlton Heston gab sich mit der kleineren Rolle des Kardinal Riche-

Der Fall der Mylady: ›Die vier Musketiere‹

lieu zufrieden. Jean Pierre Cassel und Geraldine Chaplin verkörperten das Königspaar, und Raquel Welch zeigte in der Rolle der Constance eine hinreißende komödiantische Begabung. Die Liste der berühmten Namen ließe sich noch um einiges verlängern. Der Regisseur Richard Lester besetzte einige kleinere Rollen mit englischen Komödienschauspielern, unter ihnen Spike Milligan und Roy Kinnear. Faye wurde für die Rolle der bösen Milady engagiert, einer verruchten Frau, die nichts Gutes im Schilde führt. Mit den Pretiosen und dem Putz jener Zeit geschmückt, hatte sie selten schöner ausgesehen, auch entpuppte sie sich als komödiantisches Talent.

Die Dreharbeiten begannen im Mai 1973 in Spanien. Der Drehplan war so ausgerichtet, daß die Dienste der teuren Stars so kurz wie möglich beansprucht werden mußten. Ri-

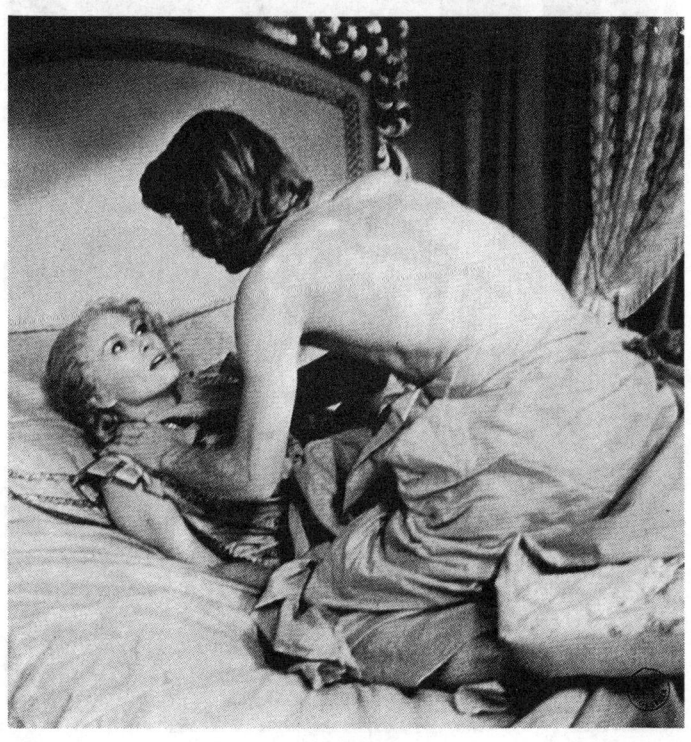

Faye und Michael York in ›Die vier Musketiere‹

105

chard Lester beklagte sich in Madrid: »Ich konnte den kreativen Prozeß einfach nicht so durchführen, wie ich wollte. Die Logistik bereitete immer Schwierigkeiten. Anstatt den Film zu drehen, drehte ich den Drehplan. Genau das passiert, wenn man mit sehr teuren Leuten arbeitet, deren Wartezeit man sich nicht leisten kann.«

Am Ende siegt das Gute: ›Die vier Musketiere‹

Noch vor Weihnachten 1973 hatten *The Three Musketeers* in Paris Premiere, in Großbritannien wurde er für die Royal Film Performance des Frühjahrs 1974 ausgewählt. Die geschäftstüchtigen Salkinds stellten fest, daß sie genug Material für zwei Filme hatten, also machten sie aus dem übriggebliebenen Material kaum ein Jahr später einen Forsetzungsfilm mit dem Titel *The Four Musketeers* (Die vier Musketiere). Beide Filme waren enorm erfolgreich, da sie die schwungvollen und sprühenden Fecht- und Action-Sequenzen mit geschickt umgesetzter komischer Phantasie verknüpften. In den USA gehörte *The Three Musketeers* 1974 zu den 20 erfolgreichsten Filmen des Jahres.

The Four Musketeers lief mit dem Untertitel *Milady's Revenge* (Miladys Rache), und Faye war darin in einer etwas gehaltvolleren Rolle zu sehen, bevor sie am Ende ihre wohlverdiente Strafe bekommt. Über die zweite Folge war im *Observer* zu lesen: »Faye Dunaway, die die Geschehnisse lenkt, schafft es, zusätzlich zur natürlichen Übellaunigkeit einer Schauspielerin, die täglich massive Kleiderlasten zu tragen hat, noch eine ungeheure Bösartigkeit auf die Leinwand zu bringen.«

Viele Schauspieler, die an den *Musketier*-Filmen beteiligt waren, pochten darauf, daß sie nur für einen Film vertraglich verpflichtet waren und daß die Salkinds ihrem Ruf nur zu gerecht geworden seien, für den Preis von einem gleich zwei Filme zu machen. Faye konnte aus ihrem Erscheinen in diesen beiden Filmen eine schöne Portion Befriedigung ziehen, sowohl in beruflicher als auch in privater Hinsicht. Die Musketiere und die Ereignisse drumherum waren der Auftakt einer Entwicklung, die sie auf einen neuen Gipfel führen sollte.

Heirat als einzig mögliche Antwort

Fayes Konzentration auf ihre Arbeit hat vielleicht vergessen lassen, daß sie auch ein Privatleben hatte, auch wenn sie es eifersüchtig hütete. Der Ruhm, den sie *Bonnie and Clyde* zu verdanken hatte, setzte sie, wie bereits dargestellt, sehr unter Druck. Dieser Druck wirkte sich jedoch nicht nur auf ihren Beruf aus, sondern auch auf ihre persönlichen Beziehungen. »Ich habe feststellen müssen, daß Erfolg allein nicht genug war. Ich habe einmal geglaubt, daß das so wäre, das Geld und das alles, wissen Sie. Also bemühte ich mich, eine gute Frau zu sein und einen Mann zu finden. Ich habe das so um die vier Mal versucht, aber diese Beziehungen hielten nie länger als zwei Jahre. Damals glaubte ich noch nicht, daß ich zwei Dinge zur selben Zeit machen könnte. Entweder ein Mann oder ein Film.«

Sie hätte Jerry Schatzberg beinahe geheiratet, ihre Affäre mit Marcello Mastroianni war allgemein bekannt und sie war auch mit Lenny Bruce und dem italienischen Architekten Renzo Soria liiert gewesen. Ihre ausschließliche Konzentration auf die Schauspielerei hat sicher wesentlich zur kurzen Dauer ihrer Beziehungen beigetragen. Sie hatte oft betont, daß ihre Arbeit ihr zu wichtig sei, um sie einfach aufzugeben und die Rolle eines fügsamen Eheweibs zu übernehmen. Man fragte sie einmal, wie sie über die Frauenbefreiungsbewegung denke, und sie antwortete: »Sie hat eigentlich nur wenig Sinn, denn ich glaube, daß wir gleichberechtigt sind. Ich kann mir nicht vorstellen, daß ich jemals eines meiner Rechte preisgeben werden, auch wenn jemand anderer die Rechnungen zahlt.«

Ihre regelmäßigen Besuche bei Psychoanalytikern scheinen ihr weitergeholfen zu haben bei ihrem Bemühen, Karriere und Privatleben miteinander in Einklang zu bringen. »Ich habe sehr schnell herausgefunden, daß der American Dream ein Mythos ist, der auf Treibsand gebaut ist. Ich war überhaupt nicht glücklich und ich verstand nicht, weshalb ich mich trotz meines Erfolgs nicht zufrieden oder erfüllt fühlte. Aber ich sagte mir bald, daß Arbeit nicht alles sein kann, und ich wandte mich vom American Dream ab und persönlichen Belangen zu, weil ich mich immer noch nach jemandem oder nach etwas sehnte, worauf ich mich verlassen konnte. Jahrelang brauchte ich einen Mann, der als Puffer zwischen mir und dem Leben fungieren konnte. Wissen Sie, ich brauche Sex und Liebe, aber nie das eine ohne das andere, und die Nacht ist sehr lang und einsam, wenn man keinen Mann neben sich im Bett hat. ›Faye in Sicherheit wiegen‹, nannte ich das. Ich habe mich an Beziehungen geklammert, weil ich Angst vor der Veränderung hatte. Natürlich wußte ich, daß ich das einsame, geängstigte Kind hinter mir lassen und eine Frau werden mußte.«

Die Scheidung ihrer Eltern, die mittlerweile beinahe 20 Jahre zurücklag, hatte langanhaltende Schäden in ihrem Gefühlsleben verursacht, doch schließlich schaffte sie es doch, darüber hinwegzukommen. »Dieses Gefühl, in einer feindseligen Welt einsam und hilflos zu sein, habe ich ständig bekämpft, und ich glaube, ich habe es jetzt bewältigt«, meinte sie in den siebziger Jahren. »Ich habe nicht länger Angst davor, verlassen zu werden. Ich habe alle diese traumatischen Erlebnisse meiner Kindheit ausgelebt. Wissen Sie, ich glaubte immer, daß mein Vater mich verlassen hat, und seither die Männer überhaupt. Ich wuchs in dem Glauben auf, daß Scheidungen unumgänglich sind, und daß alles im Leben vergänglich ist. Heute weiß ich, daß ein Mensch nicht für den anderen verantwortlich sein kann, selbst wenn die Liebe und das Verständnis noch so groß sind.«

Als junge Frau hatte sie einmal den Wunsch geäußert, viele Männer kennenzulernen und viele Erfahrungen zu machen, doch letzten Endes wollte sie doch nur eine dauerhafte Beziehung eingehen und Kinder haben. Es war nur eine Frage des richtigen Partners. »Damals hatte ich das verzweifelte Gefühl, daß sie alle verwünscht waren. Ich wußte nicht, was ich suchte, auf jeden Fall nicht nach jemandem, mit dem ich den Rest meines Lebens verbringe. Vielleicht war ich nicht reif genug.« Da sie eine schillernde Figur war, wurde sie ständig über ihr Liebesleben ausgefragt, wann sie heiraten würde usw. Wenn es darüber nichts zu erzählen gab, dann konnte die Presse immer noch eine stürmische Affäre mit einem großen Star fabrizieren. In Wirklichkeit war sie sehr wählerisch, sie betonte: »Ich habe es nicht nötig, alle Männer, denen ich begegne, zu verführen oder immer das Gefühl zu haben, wieder einen erobert zu haben. Eine Liebe reicht völlig. So herumzuschlafen ist sowieso viel zu anstrengend. Wer hat schon die Zeit dafür?«

In der Liebe war sie sehr monogam, doch die Wärme, die von einem Liebhaber ausging, war für sie immer ein wesentliches Heilmittel für ihr aus der Kindheit verbliebenes Gefühl der Einsamkeit und des Unglücklichseins. »Ich habe dieses Bedürfnis nach ständiger Sicherheit, nach ständiger Anerkennung, nach dem anhaltenden Glauben, daß ich wertvoll und beziehungsfähig bin. Ich sehne mich danach, zu jemandem zu gehören, geliebt zu werden, in allen Belangen über alle hinauszuragen, Bewunderung und Respekt zu gewinnen, vor allem von Männern.«

1973 ging sie in Boston in ein Konzert der J. Geils Band und wurde dabei von dem »sexiesten Mann, den ich je gesehen habe«, hypnotisiert, dem Chef der Band, Peter Wolf. Die beiden trafen sich und stellten fest, daß die Anziehung auf Gegenseitigkeit beruhte. Ein Journalist beschrieb Wolf einmal so: »Etwa so elegant wie ein Flohmarkt, mit dunkler Brille, die er nie abnimmt, schwarzer Hut, wirres dunkles Haar über dem Kragen eines ausgebeulten schwarzen Ledermantels, enge schwarze Samthosen.« Wolf, der die Songs seiner Band schrieb und deren Leadsänger war, war um die zehn Jahre jünger als Faye. Trotzdem war die Sache ernst, und Wolf flog nach Madrid, um während der Dreharbeiten zu den *Musketieren* mit ihr zusammen zu sein.

Am 7. August 1974 wurde Faye die Frau Peter Wolfs. Bald darauf gab sie zu: »Meine Beziehung mit Peter hätte genauso enden können wie alle anderen. Deshalb haben wir geheiratet. Mag schon sein, daß eine Heiratsurkunde nur ein Stück Papier ist, aber sie legt schriftlich fest, daß man bereit dazu ist, einem anderen Menschen zu vertrauen. Man erreicht einen Punkt in einer Beziehung, an dem man etwas unternehmen muß, um etwas Solides aus ihr zu machen. Für mich ist Heirat an diesem Punkt die einzige Antwort, denn sonst ist es so, als ob man mit einer geliehenen Zeit lebe. Wenn ich nach der Arbeit nach Hause gehe, dann weiß ich, daß jemand da sein wird.« Später meinte sie noch: »Mein Leben ist nun ruhiger und gefestigter, als es jemals der Fall war. Die Ehe hat mein Leben in einer Weise ausgefüllt, die auch meiner Karriere zugute kommt. Und meine Karriere kommt wiederum meiner Ehe zugute.«

Das glückliche Paar nahm sich eine Wohnung im Prudential Center in Boston, dem Stützpunkt der J. Geils Band. Sie hatten auch in New York eine kleinere Wohnung. Faye wollte nicht wegen ihrer Arbeit zu lange Zeit von Peter getrennt sein. Sie lehnte eine Hauptrolle an der Seite Sean Connerys in *The Wind and the Lion* (Der Wind und der Löwe) ab. Offiziell wurde Erschöpfung als Grund dafür angegeben, doch den Gerüchten zufolge war sie von der Vorstellung über ausgedehnte Dreharbeiten in Marokko nicht sehr angetan. Außerdem war Faye endlich glücklich: »Peter ist der hilfsbereiteste und ausgeglichenste Mann, dem ich je begegnet bin. Er hat nicht das Gefühl, mit mir in Wettbewerb treten zu müssen. Er sieht mich nicht als Bedrohung seines Egos. Dafür ruht er zu sehr in sich selbst. Wir haben eine Beziehung, die sehr viel Größe erfordert, ich liebe ihn sehr.« Mit einem Schuß Ironie versuchte sie die Ernsthaftigkeit ihrer Liebe zu verbergen: »Aber vielleicht hat er mich nur wegen meiner Plattensammlung geheiratet!«

Der Beginn ihrer Beziehung zu Peter Wolf fiel mit einer nie dagewesenen Erfolgssträhne in ihrer Laufbahn zuammen.

Robert Towne, der phasenweise auch bei den Dreharbeiten zu *Bonnie and Clyde* anwesend war, wollte das Drehbuch zu einem Detektivfilm schreiben. Am Anfang hatte er nur das Interesse seines Freundes Jack Nicholson und den Titel: *Chinatown*. Towne hatte einen Freund, der bei der Sittenpolizei in Los Angeles arbeitete, und er hatte einmal zu ihm gesagt: »Der einzige Ort, an dem ich nie gearbeitet habe, ist Chinatown. Das ist wirklich ein Kulturkreis für sich.« Während seiner Recherchen stieß Towne auf einen Zeitungsbericht über einen Privatdetektiv, der sich auf Scheidungen spezialisiert hatte. Durch einen seiner Fälle war er auf ein kompliziertes Netz politischer Korruption gestoßen. Dieser Detektiv wurde die Vorlage für Jack Nicholson.

Towne setzte seine Recherchen fort und entwarf für den bereits als Produzenten gewonnenen Robert Evans die ersten Grundzüge der Filmfiguren und der Handlung: »Der Detektiv spezialisiert sich auf Scheidungen. Wenn man einen derartigen Job hat, dann entwickelt man eine feine Verachtung für Menschen, denn man hat nur mit Leuten zu tun, die einander betrügen, die Frauen betrügen ihre Ehemänner, die Ehemänner ihre Frauen.

Für Frauen entwickelt er eine besondere Verachtung und er bekommt es mit einer Frau zu tun, von der er glaubt, daß sie ihren Ehemann hintergeht, daß sie möglicherweise sogar plant, ihn zu ermorden oder ihn sogar schon ermordet hat. Die Frage, ob er ihr unrecht tut oder nicht, beschäftigt den Detektiv den ganzen Film hindurch.

Auf einer anderen Ebene handelt der Film von der Entstehung einer Stadt. Er ist eine fiktive Chronik von Los Angeles. Die Handlung spielt in den 30ern, nicht weil ich auf ein früheres Filmgenre zurückgreifen will, auch nicht aus nostalgischen Anhänglichkeiten heraus, sondern weil sich das Ganze damals abspielte und weil das eine große Zeit für einen Mann gewesen ist, der ausgefuchst genug war, um auf zynische Weise die Menschen auszunutzen, die meinten, daß das Böse ein bestimmtes Maß nicht überschreite.«

18 Monate später konnte Towne Evans das Manuskript präsentieren. Er hatte Zeitungen und Geschichtsbücher durchstöbert, um die Atmosphäre des Los Angeles der 30er Jahre nachbilden zu können, er hatte die lebende Geschichte anhand von Fotos gesichtet und sich durch die Romane Raymond Chandlers gearbeitet. Towne hatte all diese Energie in das Drehbuch gesteckt, weil er leise hoffte, Regie führen zu dürfen. »Ich dachte, daß es egal sei, wie gut ein Regisseur ist, Hauptsache, er kann eine Detektivgeschichte erzählen, dann würde das Interesse bei den Leuten schon wach bleiben.«

Doch Evans hatte eigene, sehr klare Vorstellungen von dem Regisseur, den er haben wollte – Roman Polanski.

Polanski war zu dieser Zeit gerade in Europa. Seine letzten beiden Filme *Macbeth* (Macbeth, 1971) und *What?* (Was?, 1972), waren keine Erfolge, und sein Plan, *The Day of the Dolphin* (Der Tag des Delphins) zu verfilmen, war ins Schlingern geraten. Jack Nicholson war ein alter Freund, und seine sowie Robert Evans' vereinte Überredungskünste überzeugten den in Polen geborenen Regisseur.

Townes Drehbuch hatte einen Umfang von 180 Seiten, und Polanski beschrieb es als »uferlos« und »undiszipliniert«. Man rechnet normalerweise damit, daß eine Drehbuchseite eine Filmminute ergibt. Da man keinen dreistündigen Detektivfilm machen wollte, mußte zwangsläufig gestutzt und gestrafft werden. Polanski hatte noch nie einen Film gedreht, bei dem er nicht am Drehbuch mitgearbeitet hatte. Dennoch hatte er den Eindruck, daß in Townes Drehbuch der Stoff zu einem »großartigen Film« steckte.

Polanski schreibt in seiner Autobiographie, daß das Drehbuch prall voller Ideen war, voller großer Dialoge und meisterhafter Charakterisierungen, doch litt es unter einer unglaublichen Verworrenheit, in der die Stränge nicht zusammen-, sondern auseinanderliefen.

Also machte sich Polanski nach Los Angeles auf, um Ordnung in das Material zu bringen, was ihn zwei Monate kostete. Er meinte: »Ich sah *Chinatown* nicht als retrospektivischen Film oder eine bewußte Nachahmung der klassischen Schwarzweißfilme, sondern als Film über die 30er Jahre, der durch ein Kameraauge der 70er gesehen wird. Ich wollte, daß er an die Welt und die Zeit von Dashiell Hammett und Raymond Chandler erinnert, doch wollte ich den Stil dieser Zeit durch peinlich genaue Rekonstruktionen des Dekors, der Mode und der Sprache übermitteln, nicht durch eine willkürliche Imitation der Filmtechnik der 30er.« Letztere Bemerkung über die Sichtung der Vergangenheit aus der Perspektive der Gegenwart, ist den Bestrebungen, die Arthur Penn für *Bonnie and Clyde* zeigte, bemerkenswert ähnlich. Es ist daher auch nicht überraschend, daß Faye Dunaway Polanskis erste Wahl für die Rolle der geheimnisvollen Mrs. Mulwray war.

Die Berichte über die Besetzungswünsche der Beteiligten weichen voneinander ab. Polanski behauptet, daß Evans für die Rolle der Evelyn Mulwray Jane Fonda wollte, doch lehnte diese ab. Ihm zufolge wollte Evans Faye nicht, weil sie den Ruf hatte, eine »schwierige« Schauspielerin zu sein. Dies scheint allerdings zweifelhaft, weil Evans selbst für seine Produktion *The Great Gatsby* (Der große Gatsby, 1973) mit Faye Probeaufnahmen gemacht hatte, und Faye hat einmal erklärt, wie sehr sie seinen Ratschlag in wichtigen Momenten schätze.

Egal was sich bei den Besetzungsgesprächen abgespielt hat, Faye bekam die Rolle, und John Huston übernahm die Schlüsselrolle als ihr Vater. Die Dreharbeiten begannen im Oktober 1973. Da alle Beteiligten ihrer Rolle eine etwas übertriebene Bedeutung beimaßen, war die Atmosphäre häufig sehr gespannt. Polanski brauchte einen kommerziellen Erfolg, Nicholson wollte mit diesem Film seinen Star-Status untermauern, und der Schwarze Peter blieb bei Robert Evans hängen, der natürlich um das Schicksal seiner ersten unabhängigen Produktion sehr besorgt war. Die Rolle einer Frau, die ein Geheimnis mit sich herumträgt, stellte hohe Anforderungen an Faye und hätte die hilfreiche Zusammenarbeit mit ihrem Regisseur erfordert, doch blieb diese aus.

»Es kommt vor, daß man durch eine Rolle schwimmt«, erzählte Faye der *New York Times,* doch die Evelyn ist die komplexeste Figur im Film, und ich mußte einfach wissen, weshalb sie sich so benahm, wie sie es tat.« Die angeblich ersten Worte, die Faye und Polanski auf dem Set miteinander wechselten, waren: »Ich höre, daß es schwierig ist, mit Ihnen zusammenzuarbeiten« – ganz bestimmt nicht die einfühlsamste Art, eine Arbeitsbeziehung einzuleiten. Faye wollte einen Regisseur, der ihre Rolle mit ihr durchgehen konnte, so daß ein gegenseitiges Einverständnis über die Nuancen und Motivationen ihres Handelns zustande käme. Doch Polanski bestand darauf, daß ihre fürstliche Gage Motivation genug sei. Den einzigen Hinweis, den er der Frau gab, betraf

Faye als Evelyn Mulwray in ›Chinatown‹

die Wichtigkeit des Make-ups und der Frisur. Später schrieb
Polanski: »Offenbar hatte ich die Wichtigkeit ihres Make-ups
für den Film zu übertrieben dargestellt, denn sie begann, immer mehr Zeit auf ihr Gesicht zu verwenden. Immer wenn
wir während der ersten paar Sekunden einer Einstellung
stoppen mußten, bestand sie darauf, alles noch einmal aufzu-
frischen. Das ging so weit, daß ich es nicht mehr hinnehmen

115

konnte. Ihr Aufhebens um ihr Äußeres nahm nicht nur pathologische Züge an, sie hatte auch einen Blistex-Tick. Sie hat dieses Zeug mit solcher Regelmäßigkeit auf ihre Lippen aufgetragen, daß das Team den letzten Drehtag mit der Überreichung einer 1,20 m langen Jumbo-Blistex-Tube beging.«

Faye ist eine Perfektionistin, und ihre exakte Beachtung aller Details kommt letztendlich dem Film zugute, was Polanski nie gewürdigt hat. Handlungen, die andere als Launen verstehen oder als Starprivilegien, setzt sie nur ein, um die Qualität ihrer Vorstellung zu heben, sie dienen also nur zum Besten eines Films. Polanski bemerkte ihre Unsicherheit und ihr andauerndes Bedürfnis, die Dialoge noch einmal durchzugehen. Was ihre Rolle anbetraf, war Faye hilflos, sie war sich selbst überlassen, ohne sich bei der Erarbeitung ihrer Figur auf ihren Regisseur stützen zu können. Sie wollte nicht einfach wie ein Papagei die Art nachahmen, in der er die Dialoge mit Gesten unterlegte.

Bei einer ganz bestimmten Szene steigerte sich die Frustration beider wegen einer ganz trivialen Sache bis zum Siedepunkt. Die Szene, die ein Zusammentreffen zwischen Faye und Nicholson in einem Restaurant zeigte, war für den Verlauf von großer Wichtigkeit. Der Kameraarm sollte über Fayes Schulter hinweg auf Nicholsons Gesicht zuschweben. Als er durch das Kameraauge sah, wurde Polanski geblendet. Eine vorwitzige Haarsträhne von Fayes ansonsten tadellos frisierten Locken reflektierte das Licht und wäre für den Zuschauer eine ärgerliche Ablenkung gewesen. Polanski schrie »Schnitt!« und rief einen Friseur, der fieberhaft daran arbeitete, die inkriminierte Locke an ihren Platz zu trimmen, aber sie machte sich immer wieder selbständig. Faye verstand überhaupt nicht, weshalb man sich so aufregte. Polanski, der keine weiteren Verzögerungen mehr hinnehmen wollte, löste das Problem auf eine, wie er meinte, ganz logische Art: er ging zu Faye, und riß ihr die Strähne aus. Die Dame wurde purpurrot, die Luft war elektrisch geladen, und sie schrie mit schriller Stimme, so erzählt es zumindest Polanski: »Ich kann es nicht fassen! Ich kann es einfach nicht fassen, dieses Arschloch reißt mir Haare heraus!« Sie verließ das Set, machte sich in einer Serie von Flüchen Luft und wäre um ein Haar ganz aus dem Film ausgestiegen.

Nur das gute Zureden ihres Agenten und Robert Evans' brachten sie dazu, den Film zu Ende zu drehen.

Jack Nicholson hatte auch seine Nöte und Kämpfe mit Polanski, aber er war eher dazu bereit, es als ein Spiel zu sehen.

Jack Nicholson und Faye in ›Chinatown‹

Außerdem waren die beiden Männer Freunde, und Nicholson hatte Hochachtung vor dem Regisseur. »Der kleine Bastard ist ein Genie«, soll er einmal gesagt haben. Eines Nachmittags bereitete Polanski die komplizierte Beleuchtung für eine Szene vor, in der Nicholson an sich nicht gebraucht wurde, bei der er lediglich anwesend sein mußte. Da Nicholson ein Basketball-Fan ist, und an diesem Nachmittag ein wichtiges Spiel stattfand, verbrachte er so viel Zeit wie möglich in seiner Garderobe vor dem Fernseher. Polanski stellte fest, daß Nicholson nie da war, wenn er ihn brauchte, er eilte zum Wohnwagen des Schauspielers und ließ seiner Wut freien Lauf: er holte das Fernsehgerät mit einem Mop von seinem Gestell herunter. Der wütende Nicholson riß sich seine Kleider vom Leib und stapfte davon.

Nicholson verließ das Studio, nachdem er sich mittlerweile neue Kleider angezogen hatte. Polanski ging ebenfalls. Kurz darauf mußte er an einer roten Ampel warten, als ein schäbiger VW neben ihm abbremste. Nicholson saß darin und schrie: »Scheiß Polacke!«. Da die Wut nun abgeebbt war, konnte Polanski die Komik an dem Kleinkrieg zweier erwachsener Männer erkennen, und ein fettes Grinsen zog über sein Gesicht. Nicholson grinste zurück, und die beiden waren wieder Freunde, der Vorfall war vergessen.

Faye sagte einmal: »Mit Roman machte ich die schwierigste Arbeitserfahrung meines Lebens durch. Meine Nerven waren damals ziemlich am Ende, aber auch für ihn war es eine harte Zeit. Vielleicht hätte ich mit Jack darüber sprechen sollen, denn er stand nicht unter Druck, er war wunderbar. Aber ich glaube nicht, daß das, was Roman sagte, allzu fundiert war. Denn für einen Tango braucht man immer zwei, und er war unerträglich. Roman ist ein ziemlich roher Typ. Er hatte einen ziemlich komplizierten Hintergrund, und ich glaube nicht, daß er sich davon erholt hat. Nach allem, was wir über sein Leben wissen, hat er offenbar Probleme mit Frauen. Also mußten wir zusammenstoßen.«

Die Vorgänge in *Chinatown* werden ausschließlich aus der Sicht des Detektivs J. J. Gittes erzählt, folglich weiß das Publikum immer nur soviel, wie er weiß. Den ganzen Film hin-

Jack Nicholson und Faye in ›Chinatown‹

durch bleibt Evelyn Mulwray eine geheimnisumwitterte
Frau. Nicholson beschäftigt sich mit ihr, als ihr Ehemann tot
aufgefunden wird, und Gittes die Umstände herausbekom-
men möchte. Sein Interesse an dem Fall wird etwas zurück-
haltender, als er Besuch von zwei Schlägern bekommt, die
ihm mit einem Taschenmesser den Nasenrücken spalten.
Gittes' Untersuchungen lassen in ihm den Verdacht aufkom-
men, daß sie in einen ausgeklügelten Wasserversorgungs-
skandal verwickelt ist. Ihr Ehemann war der Chef der Was-
serbehörde gewesen, und obwohl die Stadt unter Wasser-
mangel litt, waren die Vorräte zu einem viel höheren Preis
woanders hin geleitet worden. Der Mann, der wirklich dahin-

tersteckt, ist Noah Cross (John Huston), Evelyns Vater und Mulwrays früherer Partner. Als Evelyns Geheimnis gelüftet wird, entpuppt es sich als persönliche Schmach: Cross hatte sie vergewaltigt und sucht nun das Produkt dieser Vereinigung, ein junges Mädchen, das sowohl seine Tochter als auch seine Enkelin ist.

Gittes' Spürnase hatte ihn zur Wahrheit geführt, doch in seinen Fußstapfen waren auch die Polizei und Cross aufgetaucht. Er versucht, Evelyn und ihrer Tochter die Flucht zu ermöglichen. Sie vereinbaren ein Treffen in Chinatown, doch Evelyn wird von der Polizei erschossen und der verhalten triumhierende Cross bekommt das Kind in seine Hände. Der erstarrte und machtlose Gittes wird von einem Kollegen weggeführt; er murmelt:»Vergiß es, Jake, das ist nur Chinatown.«

Polanski schrieb dieses Ende erst im Verlauf der Dreharbeiten, als er entschied:»Wenn *Chinatown* etwas Besonderes sein soll und nicht einfach ein weiterer Thriller, in dem das Gute am Schluß über das Böse siegt, dann muß Evelyn sterben.« Er bat seinen Ausstatter, eine Straße in Chinatown zu bauen, und dort drehten sie den neuen Schluß.

Die lächelnde Bösartigkeit des Noah Cross diktiert die moralischen Schlußfolgerungen aus *Chinatown*. Anders als in den klassischen Detektivfilmen, zum Beispiel in Hustons *The Maltese Falcon* (Der Malteser Falke, 1941) triumphiert hier nicht das Gute, sondern der Böse macht seine Macht und seinen Einfluß geltend, um Herr der Lage zu bleiben. Auf diese Weise verwirklicht Polanski seine Absicht, den Klassikern von einst nicht sklavisch zu huldigen, sondern das Genre neu zu interpretieren, um die Atmosphäre der 70er einzufangen.

Als *Chinatown* in die Kinos kam, erhielt es von Anfang an viel Lob, und alle stimmten darin überein, daß Faye Dunaway ihre beste Vorstellung seit *Bonnie and Clyde* ablieferte. John Simon schrieb im *Esquire:*»Auch Faye Dunaway zeigt als Frau, deren Blasiertheit ihre Wunden nicht verdecken kann, und deren Neurosen und gesunder Instinkt nicht ganz verhohlen miteinander im Wettstreit stehen, einen geschickten Balanceakt.« Derek Malcolm vom *Guardian* war folgender Ansicht: »Auch wenn Nicholsons Figur dazu angetan scheint, den Bezug des Films zur Gegenwart zu verdeutlichen, so steht Faye Dunaway diesem als elegante Unbekannte aus Pasadena in keiner Weise nach. Die Geschichte ist so angelegt, daß wir nie mehr wissen als Gittes und wir genau dieselben Antworten suchen wie er, weshalb der Charakter der Frau genauso wie ihre Beweggründe bis zum Schluß verschleiert bleibt. Sie muß eine Vorstellung bieten, die bis zuletzt nichts preisgibt, und das macht sie bemerkenswert gut, indem sie eine Verletzbarkeit hinter der kühlen Maske suggeriert, die den Absichten des Films nicht zuwiderläuft. Seit *Bonnie and Clyde* hatte sie keine so gute Rolle mehr, hat sie auch nicht mehr so gut gespielt.

Faye in ›Chinatown‹

Fayes Leistung in *Chinatown* verblüfft als wohldurchkonzipierte, von bewundernswerter Subtilität gekennzeichnete Charakterdarstellung, die bis ins letzte Detail ausgeklügelt ist. Später wurde diese Leistung auch in Programmheften gewürdigt: »Faye Dunaway, die in der Figur der Evelyn Mulwray eine Frau verkörpert, die sich die Wahrheit auf eine Weise zurechtbiegt, die sogar eine Brigid O'Shaugnessy mit Stolz erfüllt hätte, spielt alle Nuancen und Gesten aus. Sie benutzt häufig ihre Hände und ihren Körper, um die psychologischen Grundlagen von Evelyns Charakter zu übermitteln. Dadurch wird Evelyn Mulwray zu einer sehr zerbrechlichen Figur, die zwischen ihren eigenen Wünschen hin- und hergerissen ist – einerseits möchte sie ihre Geheimnisse vor ihrer Umgebung verbergen, gleichzeitig aber möchte sie sie enthüllen, um sich aus ihrem Gefängnis von Lügen zu befreien.«

Ein neuer Höhenflug

1974 erwies sich als denkwürdiges Jahr für Faye. In dieses Jahr fielen nicht nur die sehr befriedigenden Reaktionen auf *Chinatown* und ihre Eheschließung, sondern auch ihre Auftritte in der Fernsehproduktion *After the Fall* und in dem Katastrophenfilm *The Towering Inferno* (Flammendes Inferno) und der Beginn der Dreharbeiten zu *Three Days of the Condor* (Die drei Tage des Condor).

Mit Christopher Plummer und Bibi Andersson zusammen spielte Faye in einer Inszenierung des Globe-Theatre von Arthur Millers *After the Fall,* die vom Fernsehen aufgezeichnet wurde und viel Lob erhielt. Viele halten ihr Porträt der Sängerin Maggie für eine der besten Leistungen in ihrer Laufbahn, und Kritiker, die noch vor kurzem die oft neurotischen Züge in Fayes Charakterisierungen aufs Korn nahmen, priesen nun die Einfachheit ihrer Interpretation. Die folgende Meinung steht stellvertretend für viele: »Diese heimatlose Faye Dunaway, die teils Naturkind und teils verkommene Heilige ist, hat uns abwechselnd verhext und gemartert.«

In Hollywood beherrschte der Katastrophenfilm die Produktion. Die Mischung aus todesverachtenden Stunts, die überlebensgroßen Gefahren und die nur aus Stars bestehende Besetzung hatten sich als unwiderstehlich für ein Publikum erwiesen, das sich wie ausgehungert nach Unterhaltung sehnte. Irwin Allen hatte in diesem Feld mit *The Poseidon Adventure* (Die Höllenfahrt der Poseidon, 1972), in dem er dem größten Teil der Besetzung erst eine lange Unterwasser-Gefangenschaft und dann ein nasses Grab bereitet hatte, schon sehr früh seine Visitenkarte hinterlassen. Der Film spielte weltweit 160 Millionen Dollar ein. Andere Studios nahmen daraufhin Projekte wie *Earthquake* (Erdbeben) und *Airport '75* (Giganten am Himmel) in Angriff, während der umtriebige Mr. Allen nun seine Aufmerksamkeit auf die zerstörerische Kraft des Feuers konzentrierte. Er hatte eine Erfolgsformel ausgeknobelt. »Man bringe ein paar Leute in Gefahr, bevorzugt reiche und berühmte Leute. Mal schaun, wer davonkommt und wer nicht. Das Ganze beobachtet man von der komfortablen Sicherheit eines Parkettsitzes aus. Das ist der Reiz daran. Man schaut anderen Menschen dabei zu, wie sie

Faye in dem Katastrophenfilm ›Flammendes Inferno‹

Faye und Paul Newman in ›Flammendes Inferno‹

alptraumhafte Erfahrungen durchmachen, von denen man hofft, daß sie einem erspart bleiben würden. Wenn man das Kino verläßt, fühlt man sich glücklicher und sicherer, weil man all diese Schrecken und diese Spannung durchgemacht hat, ohne wirklich von ihnen berührt worden zu sein, oder?«
Als das Interesse, auf den Katastrophen-Zug aufzuspringen, immer größer wurde, spitzte sich der Kampf auf ein Wettrennen zweier rivalisierender Studios zu, die sehr ähnliche Stoffe verfilmten. Warner Brothers hatten 390000 Dollar für die Rechte an Martin Sterns *The Tower* bezahlt, und nur acht Wochen später erwarb Twentieth Century-Fox für 400000 Dollar *The Glas Inferno* von Frank Robinson und Tom Scor-

tia. Ein Manager des Studios meinte: »Keines der beiden Bücher enthielt große Literatur. Sie waren nicht einmal so gut geschrieben wie *Airport*.« Wie immer ihre literarischen Qualitäten eingeschätzt werden mögen, beide erfüllten die wesentlichen Ansprüche des Genres. In beiden tobte ein außer Kontrolle geratenes Feuer in einem Gebäude derart, daß es durchaus in der Lage gewesen wäre, die Starbesetzung mit Stumpf und Stiel zu verschlingen.

Die beiden Studios faßten, was sehr selten passiert, ihre Ressourcen zu einer gemeinsamen Unternehmung zusammen. Irwin Allen meinte dazu erklärend: »Letztendlich war es die verblüffende Ähnlichkeit der beiden Romane, die die Heirat der beiden großen Studios zustande brachte, um den Film gemeinsam zu finanzieren. Beide handelten von hellodernden Feuern unter ungewöhnlich gleichartigen Umständen. Wir waren alle der Ansicht, daß es verrückt gewesen wäre, einander mit dem gleichen Streifen an den Kinokassen das Wasser abzugraben, also haben wir uns zusammengeschlossen, um aus den beiden Romanen *ein* Drehbuch zu machen und die Kosten gemeinsam zu tragen. Den Titel des Filmes setzte man aus Bestandteilen der beiden Romantitel zusammen: *The Towering Inferno*. Das Budget legte man auf 14 Millionen Dollar fest, und Allen schaffte es, die hochklassigste Starbesetzung, die es je in einem Katastrophenfilm gegeben hatte, aufmarschieren zu lassen: Steve McQueen, Paul Newman, William Holden, Fred Astaire, Jennifer Jones, Richard Chamberlain und eine Menge anderer.

Mag sein, daß dem Katastrophenfilm-Genre einige Qualitäten zuzugestehen sind, doch die Figuren sind meist alles andere als anspruchsvoll. Die Story von *The Towering Inferno* ist von höchster Einfachheit: Übergabe-Zeremonie des höchsten Wolkenkratzers der Welt findet ein tragisches Ende, als ein Feuer in dem 138stöckigen Gebäude die Crème de la Crème San Franciscos einschließt. Das Feuer ist das Resultat einer kostensparenden, nicht dem Standard entsprechenden Bauweise, und die Feuerwehr steht bei ihren Rettungsarbeiten vor einer Reihe schwerwiegender Hindernisse. Steve McQueen spielt den Chef der Feuerwehr, Michael O'Hallor-

126

han, Paul Newman den Architekten Doug Roberts und Faye Dunaway in einer ausgemachten »Kleiderständer-Rolle« dessen Freundin Susan Franklin, die von Beruf die Herausgeberin einer Frauenzeitschrift ist.

Mit Feuer und Wasser zu arbeiten ist riskant, vor allem wenn Stars mit von der Partie sind, die einen starken Hang dazu zeigen, ihre Stunts selbst zu machen. Ein äußerst besorgter Irwin Allen bekannte: »Sowohl Steve als auch Paul bestanden darauf, auch in solchen Szenen selbst zu agieren, die sie inmitten der Feuersbrunst oder der Wasserflut zeigen, die wir bei dem verzweifelten Versuch, das Feuer zu löschen, erzeugt haben. Natürlich war ich als Regisseur der Actionsequenzen sehr erfreut über ihre Kooperationsbereitschaft, doch als Produzent war ich mir andererseits darüber im klaren, daß sie ein großes Risiko eingingen und ein einziger

Steve McQueen, Faye und Paul Newman in ›Flammendes Inferno‹

Fehltritt eine schwere Verletzung verursachen und damit das vorzeitige Ende der Produktion bedeuten konnte. Solange diese Szenen nicht abgedreht waren, bestand ich nur noch aus gemischten Gefühlen.«

The Towering Inferno gilt allgemein als der beste Katastrophenfilm, was sicher auch der Authentizität der auf der Leinwand sichtbaren Leiden zu verdanken ist.

Die Ansammlung so vieler Stars hätte sich leicht als Sprengstoff während der Dreharbeiten erweisen können, doch Co-Regisseur John Guillermin berichtete: »Das genaue Gegenteil traf ein. Wir kamen miteinander zurecht, als wären wir eine große Familie. Immerhin – und das machten wir uns während der Dreharbeiten immer wieder klar – war der große Star der Produktion dieser brennende Wolkenkratzer.«

Bob Thomas, der Biograph William Holdens, erlaubte sich, das ganze ein wenig differenzierter zu sehen: »Eine besondere Quelle des Unmuts war Faye Dunaway. Immer wieder mußte Bill im Studio auf sie warten, weil sie ihre Frisur in Ordnung brachte oder ihr Make-up erneuerte oder am Telefon hing. Eines Tages mußte Bill zwei Stunden warten, bis sie zu einer wichtigen Szene erschien. Als sie endlich eintrudelte, packte er sie bei den Schultern, stieß sie gegen die Lautsprecherwand und zischte: ›Mach das noch einmal mit mir und ich drück dich durch die Wand durch.‹ Angestellte des Studios stellten fest, daß sie es von da an mit der Pünktlichkeit genauer nahm.«

The Towering Inferno spielte allein in den USA 55 Millionen Dollar ein wurde nur von *Jaws* (Der weiße Hai) übertroffen. Der Film erhielt drei Oscars; einer ging an Fred Koenekamp und Joseph Biroc für die beste Kameraarbeit, der zweite an Harold F. und Carl Kress für den besten Schnitt, und der dritte ging an Al Kaha und Joel Hirschhorn für »We May Never Love Like This Again«, den besten Song.

Manch einer fand das offensichtliche Vergnügen an der Einäscherung menschlicher Wesen reichlich makaber und hielt *The Towering Inferno* für eine sehr fragwürdige Unterhaltung. Pauline Kael verlieh ihm den »Dumb Whore Award« (etwa: Dumme-Hure-Preis) des Jahres 1974 und verurteilte

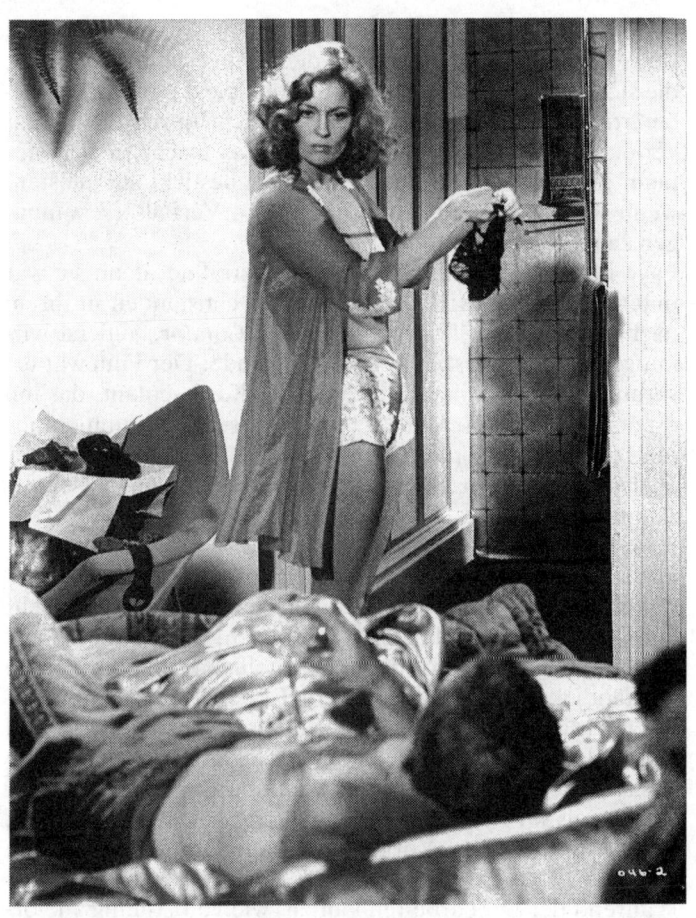

›Flammendes Inferno‹

den Film als »mistige Jahrmarkt-Show«. Doch für Faye fand sie anerkennende Worte: »Am besten ist überraschenderweise Faye Dunaway als Newmans Freundin. Nicht daß sie viel spielt, aber sie sieht so göttlich schön aus, wenn sie in braunrotem durchsichtigem Chiffon durch das Chaos gleitet – ein pastellfarbener, unzüchtiger Fragonard, der in Bewegung geraten ist. Auch wenn sie nichts tut, macht sie es gut: sie verzieht ihr Gesicht nicht zu dieser angespannten Maske, die sie sonst üblicherweise zeigt. Ohne diese wird ihr porzellanartiges, ihr weltüberdrüssiges Gesicht durch die Furcht verletzt, auseinanderzufallen – und das macht sie schöner denn je. Das Gesicht einer Filmgöttin besticht am meisten, wenn seine Vollkommenheit die ersten Verfallserscheinungen zu zeigen beginnt.«

Faye hatte offensichtlich eine Glückssträhne, denn sie war unter weniger als vielversprechenden Umständen in ihrem nächsten Film, in *Three Days of the Condor,* äußerst wirkungsvoll. Die Umstände waren folgende: Der Film war ursprünglich als Vehikel für Robert Redford geplant, das ihn wieder mit einem seiner Lieblingsregisseure zusammenführen sollte. Unter diesen Umständen war Fayes Rolle eher unerheblich, sie machte sie in erster Linie zum »Kleiderständer«.

Redford und Sidney Pollack hatten die Verfilmung des Romans *Six Days of the Condor* gemeinsam geplant und als Drehbuchautor David Rayfiel engagiert. Das fertige Drehbuch war eine Story über CIA-Schikanen. Der Geheimdienst macht sich bedenkenlos die hohe Intelligenz und die eiserne Anständigkeit seines Mitarbeiters Robert Redford zunutze, der allerdings durchdreht, als er mehr herausfindet, als ihm guttut. Faye hat die Rolle einer zufälligen Zuschauerin, die er sich in der Stunde seiner Verzweiflung als Geisel schnappt. Anders als im Buch war der Schauplatz nicht Washington, D. C., sondern New York City, wo die Dreharbeiten Ende Oktober 1974 begannen.

Während der Dreharbeiten kamen, wie von Anfang an vorhersehbar war, Gerüchte auf, die von einer gespannten Beziehung zwischen Faye und ihrem Co-Star wissen wollten. Faye meinte später dazu: »Robert Redford ist sehr schüchtern und hält in der Regel eine gewisse Distanz aufrecht. Obwohl Bob schüchtern ist, ist er immer bei der Sache und auch hinter der Kamera gibt er sehr viel. Er ist wirklich die meiste Zeit in einer sehr gefährlichen Lage. Ich kann mich an einen Drehtag erinnern, an dem wir eine Szene einfach nicht filmen konnten, weil ein Haufen Mädchen seinen Wohnwagen buchstäblich belagerte. Sie haben sich immer wieder dagegen geworfen, es war wirklich beängstigend. Er ist eben ein Matinee-Idol. Aber wir sind sehr gut miteinander zurecht gekommen und haben gut zusammenarbeiten können.«

Ein Reporter befragte Redford am Drehort nach seiner Meinung zu Faye Dunaway: »Die Frage ist nicht leicht zu beantworten, denn es ist extrem schwierig, mit ihr zusammenzuarbeiten. Ich mag sie sehr gern, aber bei der Arbeit ist sie äußerst schwierig. Sie ist unruhig – sie ist mit ihren Gedanken irgendwo anders. Ich habe überlegt, womit ich klarmachen könnte, daß ich sie persönlich sehr schätze, ohne ihre Arbeit kritisch zu analysieren. Ich habe überlegt und überlegt und

Faye und Robert Redford in ›Die 3 Tage des Condor‹

131

überlegt, und das Ergebnis kann ich in zwei Worten zusammenfassen: sie hat weibliches Gewicht. Das ist eine Abstrahierung, aber so ist es. Auf der Leinwand ist sie von unglaublicher Gewichtigkeit – gute weibliche Gewichtigkeit. Sie ist eine richtige Frau und sie vermittelt das auch perfekt, und ich glaube, das ist eine echte Tugend. Als ich das sagte, warnte man mich: ›Himmel, das kannst Du doch nicht sagen! Weibliches Gewicht – weibliche Gewichtigkeit? Das klingt so, als ob sie fett wäre …‹ Und ich sagte: ›Nein, das meine ich nicht. Wenn keiner das versteht, schlecht.‹ Als man mich fragte, wollte man die üblichen harmlosen Sachen hören, wie: ›Einfach 1a, macht Spaß mit ihr‹ und den sonstigen Scheiß. Ich bin mir nicht ganz sicher, ob die Leute auch wirklich immer das meinen, was sie sagen.«

Sydney Pollack war der Ansicht, daß der Einbau einer Romanze den Erzählfluß des Films nur gestört hätte. »So etwas ist schwer hinzukriegen. Es gibt eine alte Theorie, derzufolge die Handlung eines Thrillers durch eine Liebesgeschichte angehalten wird und daß man deshalb riskiert, sein Publikum zu vergraulen. Aber ich glaube, in diesem Film hat es hingehauen.« Dieses Verdienst geht in erster Linie an Faye, die es geschafft hat, aus einer stereotypen Rollenbeschreibung eine Figur aus Fleisch und Blut gemacht zu haben.

Es kommt in Verfolgungs-Thrillern öfter vor, daß aus der ungewollten Vereinigung eines Mannes und seiner Geisel eine zärtliche und romantische Beziehung wird. Alfred Hitchcocks *The Thirty-Nine Steps* (39 Stufen, 1935) ist ein klassisches Beispiel dafür. Doch Fayes Kathy Hale ist nicht die notwendige erotische Komponente eines Kassenerfolgs, sondern eine richtige Frau. Obwohl sie für den Handlungsablauf nur von zweitrangiger Bedeutung ist, ist ihr Charakter doch mit einigen individuellen Details ausgestattet. Wie wir erfahren, ist sie Fotografin und interessiert sich nur für einsame, freudlose Motive; außerdem hat sie Beziehungsprobleme.

Faye trägt nur ganz wenig Make-up und völlig normale Kleider und vermittelt dadurch die verzweifelte Lage der Frau sehr glaubhaft. Ihre Fahrigkeit, ihre gehetzten Augen und ihre gekünstelte Flapsigkeit bei ihrer Gefangennahme ver-

›Die 3 Tage des Condor‹: Robert Redford und Faye

deutlichen ihre panische Angst. Redford behauptet, CIA-Mitarbeiter zu sein, und sie antwortet scherzhaft: »Ihr Auftrag für heute war es wohl, sich aufzumachen und ein Mädchen zu kidnappen?«

Später, als sich ihr Mitrauen und ihre Feindseligkeit in Leidenschaft verwandelt hat, hilft sie Redford dabei, einen Überläufer zu enttarnen, der versucht, die Ölquellen im Nahen Osten unter seine Kontrolle zu bringen. Eines Tages dringt ein gedungener Mörder in ihre Wohnung ein, der Redford erledigen soll. Die unglaubliche Angst, die sie bei diesem Gewaltakt empfindet, kommt auf sehr überzeugende Weise zum Ausdruck. Sie ist eine Frau, die kurz vor einem hysterischen Ausbruch steht und mit aller Kraft um ihre Beherrschung ringt.

Redford fand, daß diese Frau im Film wesentlich interessanter sei als im Drehbuch, und daß dies Rayfiel und Pollack zu verdanken sei: »Es war ihre Idee, aus ihr einen Typ à la Diane

133

Arbus, der Fotografin, zu machen, die öde Bilder von leeren Parkbänken und entlaubten Bäumen macht. Sidney ist ein sehr melancholischer Regisseur, und seine Arbeit zeigt das deutlich. Er möchte die inneren Vorgänge in einer Figur veranschaulichen.«

Die Kritiker waren sich darin einig, daß Faye in *Three Days of the Condor* ausgezeichnet spielte. Mitchell S. Cohen schrieb im *Brooklyn-Staten Island Good Times:* »Auch Faye Dunaway ist viel zu verdanken. Sie ist nun, da sie die Durststrecke nach *Bonnie and Clyde* überwunden hat, wirklich zu einer erstklassigen Schauspielerin geworden. Schon unter physischen Aspekten haben Schauspielerinnen, die an der Seite Robert Redfords spielen, einen harten Stand, aber Faye Dunaway steht mehr als ihren Mann.«

Three Days of the Condor kam 1975 in die Kinos und war mit seinem Einspielergebnis von 20 Millionen Dollar allein in den USA einer der größten Filmerfolge dieses Jahres.

Anfang 1975 setzten sich auch die diversen Vergabekomitees der preisverleihenden Stiftungen zusammen, um zu beraten, wer im vergangenen Jahr die besten Filme gemacht und die besten Leistungen geboten hätte. *Chinatown* war auf allen Anwärterlisten ganz oben zu finden. Faye wurde für den Golden Globe, den Filmpreis der ausländischen Presse in Hollywood und außerdem für den Oscar als beste Schauspielerin nominiert. Insgesamt wurde *Chinatown* elfmal für Oscars nominiert, darunter für das beste Drehbuch, für den besten Schauspieler, den besten Regisseur und den besten Film.

Faye war bei der Vergabe-Zeremonie des Golden Globe anwesend. Der Golden Globe macht den feinen Unterschied zwischen den besten Leistungen in einem Musical oder einer Komödie und einem ernsten Film. *Chinatown* erhielt den Preis als bester ernster Film. Roman Polanski wurde zum besten Regisseur gekürt, Jack Nicholson zum besten Schauspieler und Robert Towne erhielt den Golden Globe für das beste Originaldrehbuch. Mit *The Towering Inferno* und *The Three Musketeers* waren noch weitere Filme im Wettbewerb, bei denen Faye Dunaway mitgespielt hatte. Fred Astaire und Susan Flannery erhielten für ihre Leistungen in ersterem

Golden Globes, Raquel Welch für ihren Auftritt in den *Musketeers*. Die einzige Verliererin schien Faye zu sein, denn der Globe für die beste weibliche Schauspielerin in einem ernsten Film ging an Gena Rowlands für *A Woman Under the Influence* (Eine Frau unter Einfluß).

Bei der Oscar-Verleihung waren neben *Chinatown The Godfather Part II* (Der Pate – Teil 2) und *The Towering Inferno* für die Kategorie bester Film nominiert. In der Kategorie beste weibliche Hauptdarstellerin hatte Faye in einem der härtesten Wettbewerbe der letzten Jahre Ellen Burstyn für *Alice Doesn't Live Here Anymore* (Alice lebt nicht mehr hier), Diahann Carroll für *Claudine* (Claudine), Valerie Perrine für *Lenny* (Lenny) und Gena Rowlands gegen sich. Die Zeremo-

Faye und Robert Redford in ›Die 3 Tage des Condor‹

nie sollte zu einem überraschungsreichen, aber auch enttäuschenden Ereignis werden.

Die erste Überraschung stellte sich ein, als Ryan und Tatum O'Neal den besten Nebendarsteller ausriefen. Fred Astaire war allgemein als Favorit gehandelt worden, doch als Sieger stellte sich Robert De Niro für *The Godfather Part II* heraus. Francis Ford Coppola nahm die Ehrung entgegen. *The Godfather Part II* sollte überhaupt zum Absahner des Abends werden – er holte sich sechs Oscars.

Jack Nicholson hatte noch nie einen Oscar gewonnen, obwohl er für *Easy Rider* (Easy Rider, 1969), *Five Easy Pieces* (Five Easy Pieces/Ein Mann sucht sich selbst, 1970) und *The Last Detail* (Das letzte Kommando, 1973) nominiert worden war. Für *Chinatown* galt er als heißer Favorit, doch der Sieger hieß Art Carney für *Harry and Tonto* (Harry und Tonto).

Der Oscar für die beste weibliche Hauptrolle ging an Ellen Burstyn, und auf dem Höhepunkt des Abends öffnete Warren Beatty den Umschlag und verlieh den Preis für den besten Film an Francis Ford Coppola für *The Goldfather Part II*. In der Endabrechnung kam *Chinatown* nur auf einen einzigen Oscar: für Robert Townes Drehbuch.

Die Enttäuschung darüber, daß sie den Oscar wieder nicht gewonnen hatte, konnte nur durch das Wissen ein wenig gelindert werden, daß die Zukunft ihr noch andere Chancen eröffnen werde. Allein die Angebote, die sie nun erhielt, waren für ihren Status als eine der zugkräftigsten Frauen der Filmindustrie Entschädigung genug. Sie beschloß, trotz der statusmindernden Wirkung in einer Fernsehproduktion mitzuarbeiten. Sie übernahm in *The Disappearance of Aimee* eine Rolle, die ursprünglich Ann-Margret spielen sollte.

Aimee war die Predigerin Aimee Semple McPherson, die eines Tages auf mysteriöse Weise verschwand und für tot gehalten wurde. Fünf Wochen später taucht sie in Mexiko wieder auf. Sie behauptet, entführt und gefoltert worden zu sein. Der Staatsanwalt klagt sie wegen »Untergrabung der öffentlichen Moral« an und behauptet, daß sie diese Wochen in einem Haus in Carmel mit einem verheirateten Mann, Kenneth Ormiston, verbracht habe.

Eine Vielzahl von Zeugen wird vorgeladen, die zur Klärung des wahren Sachverhalts beitragen soll.

Die Produktion untersucht die hypnotischen Wirkungen des Predigertums und die Grenzlinie zwichen religiöser Überzeugung und Scharlatanerie. Die Hollywood-Veteranin Bette Davis, der Faye höchste Bewunderung entgegenbrachte, spielte die beherzte, energisch kämpfende Mutter Aimees, die aber insgeheim Aimees Darstellung anzweifelt. Aimee behaupet, daß ihre Entführungsgeschichte der Wahrheit entspreche, und daß ihre Mutter ihr entweder glauben oder ansonsten gehen solle. Den Zuschauern wird der Eindruck vermittelt, daß Aimee ein paar romantische Tage mit Ormiston verlebt hat, weil sie das Bedürfnis hatte, sich der Dominanz ihrer Mutter und den Erwartungen ihrer Anhänger zu entziehen und ein wenig zu sich selbst zu finden. Ormiston taucht auf und entlastet sie, wobei er möglicherweise selbst einen Meineid schwört; doch die Anschuldigungen gegen Aimee werden zurückgezogen.

Einige Szenen fordern Faye viel ab, so zum Beispiel als sie vom Krankenbett aus ihre Entführung schildern muß und als sie voller Emphase an ihre Verhörer appelliert. In die Szenen religiöser Glut bringt sie eine enorme Inbrunst ein, und sie erweist sich in Schwester Aimees Tempel als leidenschaftliche Verkünderin von Gottes Wort. Trotzdem wird ihre Leistung von der geschliffenen Schauspielkunst der Bette Davis an die Wand gedrückt, vor allem durch ihre Augen. Bette Davis nützt ihre Präsenz in jeder Hinsicht, um in jeder Szene, in der sie auftaucht, zu dominieren, indem sie ihre Gefühle durch ein Aufblitzen ihrer Augen oder durch eine Geste der Verärgerung ausdrückt.

Faye hatte ihre Termine so eingerichtet, daß sie nie länger als unbedingt notwendig von Peter Wolf getrennt war. Doch sie durchbrach diese selbstauferlegte Beschränkung für eine Rolle in *Voyage of the Damned,* für den sechswöchige Dreharbeiten in Spanien und England geplant waren. Peter bereitete eine Tournee mit seiner Band vor, so daß sich das Paar während der Außenaufnahmen nur fünf Tage sehen konnte. Ihre Beziehung mit Peter war zum Teil der Grund, weshalb sie diesen Film machen wollte: »Ich möchte mein Alter spielen. Ich mag die Ehe, vor allem weil ich selbst erst vor kurzem geheiratet habe und sehr glücklich bin. Das ist etwas, was ich gerade zur richtigen Zeit entdeckt habe. In dem Film sind Oskar Werner und ich Jungverliebte, die gerade herausgefunden haben, daß die Liebe mit zunehmender Dauer immer tiefer wird. In meinem eigenen Leben habe ich gelernt, daß die Anteilnahme an einem anderen Menschen etwas sehr Wertvolles ist, das geschützt werden muß, und ich möchte das durch meine Arbeit zum Ausdruck bringen.«

Voyage of the Damned (Reise der Verdammten) erzählt die wahre Geschichte von 937 deutsch-jüdischen Flüchtlingen, die die Erlaubnis erhalten haben, an Bord des Kreuzers SS St. Louis ihre Heimat zu verlassen. Im Mai 1939 stach das Schiff in See. Ziel der Reise war Kuba, von dem man glaubte, daß es ihnen Asyl gewähren würde. Als das Schiff in Havanna anlegt, erhält keiner der Passagiere die Erlaubnis, das Boot zu verlassen. Das war das Ergebnis einer politischen Vereinbarung zwischen den Kubanern und den Nazis. Der Kapitän, der kein Nazi ist, erhält die Anweisung, nach Deutschland zurückzukehren, wo die Passagiere der sichere Tod erwartet. Die St. Louis wird zum Thema einer internationalen Auseinandersetzung, und als sie sich Europa nähert, erklären sich England, Belgien, Frankreich und Holland bereit, jeweils einen Teil der Passagiere aufzunehmen. Das Kriegstrauma dezimiert die Passagiere bis 1945 auf die Zahl von 240 Überlebenden.

Faye las das Drehbuch und nahm die Rolle unter der Voraussetzung an, daß die Zeit ihres Einsatzes vorher genau festgelegt und einige Passagen im Drehbuch geändert werden würden. Faye glaubte sehr an den Film und machte das relativ seltene Zugeständnis, für den Erfolg des Films etliche Interviews zu geben.

Einem Journalisten erklärte sie: »Die Mrs. Kreisler zu spielen machte mir große Freude. Sie war eine ziemlich mutige Frau, die sich weigerte, einer verzweifelten Lage ihren Lebensstil zu opfern. Ich glaube, ich verstehe sie. Sie muß eine sehr stolze Frau gewesen sein, sehr stilvoll und voller Kraft.

Faye in ›Die Reise der Verdammten‹

Das Ganze ist unvorstellbar, und doch weiß man, daß das alles wirklich geschehen ist.«

Fayes Leinwand-Ehemann war der in Wien geborene Oskar Werner, der nach vielen Jahren wieder eine Hauptrolle übernahm. 1941 war er in die deutsche Wehrmacht eingezogen und einer Artillerieeinheit zugeteilt worden. Später floh er mit seiner Frau, einer Halbjüdin, und seinem 18 Monate alten Sohn aus Deutschland. Sein persönlicher Bezug zu dem Thema des Films war ausreichend, um ihn zur Leinwand zurückzuziehen. Die internationale Starbesetzung reichte von

Malcolm McDowell und Faye in ›Die Reise der Verdammten‹

James Mason zu Max von Sydow und von Orson Welles zu Malcolm McDowell.
Regisseur Stuart Rosenberg trug die Verantwortung für die Besetzung und für das Drei-Millionen-Pfund-Budget. Wegen der Ähnlichkeit zu Havanna wurde Barcelona zum Hauptschauplatz des Films. Für die Anfangssequenzen diente diese Stadt auch als Vorkriegs-Hamburg. Die Dreharbeiten fanden Ende 1975 statt, und man führte Hunderte von Plastikblumen ein, um eine tropische Atmosphäre zu erzeugen. Die Innenaufnahmen drehte man in den Elstree-Studios in England.

Robert Fryer meinte: »Weder Stuart Rosenberg noch ich waren daran interessiert, einfach noch einen weiteren Film darüber zu machen, wie gemein sich die Nazis zu den Juden verhielten. Was wir sahen, war die Möglichkeit, eine packende

Faye mit Oskar Werner in ›Die Reise der Verdammten‹

Geschichte mit einer bedeutenden internationalen Besetzung zu erzählen. Die Geschichte ist noch bitterer, weil sie wahr ist. Mit der Geschichte der Flüchtlinge auf der St. Louis haben wir hoffentlich nicht nur einen guten Film gemacht, sondern auch einen angemessenen Kommentar zur Lage, die auch heute noch auf der Welt zum Teil herrscht.«

Im Dezember 1976 kam *Voyage of the Damned* in die amerikanischen Kinos, und die Kritiken waren entmutigend, das Geschäft lief flau. Um den Film zuschauerfreundlicher zu machen, kürzte man ihn später – vergeblich – um 24 Minuten. Oskar Werner meinte zu dem Film: »Der Film nimmt Stellung. Mit dem Endresultat bin ich nicht allzu glücklich, weil es von vier auf zweieinhalb Stunden zusammengekürzt wurde. Auf diese Weise sind natürlich einige schöne Momente verlorengegangen. Aber der Film ist eine Bejahung menschlicher Würde und der Freiheit, eine lohnende Predigt gegen die Kräfte, die Hitler möglich gemacht haben.«

Die Hersteller des Films hofften darauf, daß die Filmpreisvergaben des Jahres 1977 ihre Finanzlage verbessern würden. *Voyage of the Damned* wurde für drei Oscars nominiert: für die Musik, für das Drehbuch und für die beste Nebendarstellerin. In denselben Kategorien wurden der Film bzw. seine Mitarbeiter für den Golden Globe nominiert, außerdem noch Oskar Werner als bester Nebendarsteller. Diesen Preis erhielt allerdings Laurence Olivier für *Marathon Man* (Marathon-Mann) und zum besten Film, für den *Voyage of the Damned* ebenfalls nominiert war, wurde *Rocky* gewählt. Als einzige Mitwirkende an *Voyage of the Damned* erhielt Katharine Ross einen Preis. Für ihren Flüchtling, der in Havanna zur Prostituierten wird, erhielt sie den Golden Globe für die beste Leistung als Nebendarstellerin. All die Nominierungen und der eine Preis verbesserten die mageren Einnahmen des Films nicht wesentlich.

Doch bei den Preisvergaben 1977 war Faye noch mit einem weiteren Film, mit einer weiteren denkwürdigen Leistung im Wettbewerb, einem Film, dessen Dreharbeiten nur zehn Tage nach der Fertigstellung von *Voyage of the Damned* begonnen hatten – *Network*.

»Network«

»Machen Sie sich auf einen unerhörten Film gefaßt«, mit diesem Satz kündigten die Werbeleute *Network* an, und dieses eine Mal war diese hochtrabende Stimulanz gerechtfertigt. Das dichte, wortgewandte Drehbuch Paddy Chayefskys beinhaltete einen packenden Angriff auf die ätzende, manipulative Macht der Fernsehstationen im Gegenwarts-Amerika. Chayefsky war einer der innovativen Drehbuchautoren des Fernsehens in dessen Glanzzeit in den fünfziger Jahren gewesen. Später hatte er begonnen, für Kinofilme Drehbücher zu schreiben. Für *Marty* (Marty, 1955) und *The Hospital* (Hospital, 1971) hatte er jeweils einen Oscar gewonnen. Der bittere, sardonische Zug, der sich in seinen Drehbüchern mit einer enormen Wut über den institutionalisierten Irrsinn des Lebens paart, verleiht seinem Werk eine unübertroffene Intensität und Unmittelbarkeit. Die moralische Fehlbarkeit und die Exzesse des einschaltquotenbeherrschten Fernsehens lieferten ihm eine Menge Zielscheiben.

Sidney Lumet hatte sich in den 50er Jahren einen Namen als Regisseur bei der Fernsehstation CBS gemacht, um später eine ganze Reihe von Filmen zu machen, die durch ihren präzisen Umgang mit der Sprache und durch herausragende schauspielerische Leistungen hervorstechen. Zu diesen Filmen gehörten unter anderem *Twelve Angry Men* (Die zwölf Geschworenen, 1957), *The Pawnbroker* (Der Pfandleiher, 1965), *Child's Play* (1972) und *Murder on the Orient Express* (Mord im Orientexpreß, 1974). Daher war Lumet der ideale Regisseur, um Chayefskys jüngsten Bericht zur (chronischen) Lage der Nation auf die Leinwand zu übertragen.

Die Handlung des Films spielt sich in dem frei erfundenen Sender United Broadcasting System ab. Erst vor kurzem war UBS von einem Konsortium, an dessen Spitze Arthur Jensen (Ned Beatty) steht, erworben worden. Frank Hackett (Robert Duvall) ist seine rechte Hand. Die Nachrichtenabteilung, deren Chef Max Schumacher (William Holden) ist, ist ein Verlustgeschäft. Also beschließt man, den langjährigen Moderator der Nachrichtensendung, Howard Beale (Peter Finch), zu feuern.

Beale reagiert auf diese Ankündigung mit einer Live-Tirade, die auf der ganzen Linie den Gedanken seiner frustrierten Zuschauer entspricht; er weigert sich ganz einfach, einen stillen Abgang zu machen.

Die Programmchefin Diana Christenson (Faye Dunaway) findet einen Weg, Beales Beliebtheit in bare Münze umzusetzen, und nützt sein Image als Kurzwellen-Messias, um die Einschaltquoten hochzutreiben. Schumacher gibt nach und geht eine Liaison mit Diana ein, die nun auch den Einfall hat, einen Dokumentarfilm über den Stadtguerillero Ahmed Khan zu drehen.

Es versteht sich von selbst, daß die Einschaltquoten, als Beales sensationelle Tiraden längere Zeit erklungen sind, wieder heruntergehen. Beale wird zum Hindernis für die völlig erfolgsorientierten Leute bei UBS. Diana weiß die perfekte Lösung des Problems – Beale soll im Vorspann zu dem Film mit dem Stadtguerillero umgebracht werden.

Für Chayefsky war *Network* eine »liebevolle Satire«. Bei einer Pressekonfernz meinte er: »Die Leute, die in den Nachrichtenredaktionen arbeiten, werden in *Network* mit großem Respekt behandelt. Es gibt viele Menschen beim Fernsehen, vor allem in den Nachrichtenredaktionen, die ich für unbestechlich halte. Viele von ihnen sind meine Freunde und waren es seit meinen frühesten Tagen beim Fernsehen. Ich halte sie für anständige, respektable und einfühlsame Menschen. Ich spreche nicht von diesen Leuten in meinem Film. Ich spreche über die Manager, in deren Hand die Fernsehindustrie ist, diese Entscheidungsträger, die nur ein Teil eines großen Konzerns sind. Ich spreche darüber, was mit einer Fernsehstation passiert, die den Besitzer gewechselt hat und nun zu einem florierenden Geschäft umgestaltet und zum Teil eines Riesenkonzerns wird. All das passiert doch gerade jetzt mit den Fernsehstationen in den USA. Dieser Film trifft einen empfindlichen Nerv im American way of life. Ich spreche in diesem Film nicht nur über das Fernsehen; ich spreche

Faye in ihrer Oscar-Rolle der Diane Christensen in ›Network‹

darüber, daß die Menschen langsam, aber sicher wahrneh-
men, daß ihr Leben durch den entindividualisierten Lebensstil erniedrigt und entwertet wird, auch darüber, daß der einzelne nur mehr ein Faktor von vielen im vergesellschafteten
Beschluß ist. Wenn ich es in dem Film so darstelle, daß selbst
ein Mord zu einem alltäglichen Beschluß einer Körperschaft
werden kann, so ist das natürlich satirisch überzeichnet. Und
dem Satiriker ist es gestattet, die Wahrheit bis zu ihrem logi-
schen Schluß weiterzudenken. Hätte ich einen Film über General Motors oder US Steel, oder weiß der Himmel wen
sonst, vielleicht eine der großen Ölgesellschaften geschrieben, dann würde sich keiner dazu gezwungen sehen, zu sagen: ›He, Paddy, jetz mach aber mal halblang, du glaubst

doch nicht im Ernst, daß irgendein Fernsehboß jemals für 40000 Dollar jemanden umbringen lassen würde. Ich muß sagen, ich bin sehr besorgt. In meinen Augen trägt die Industrie der Öffentlichkeit gegenüber eine Verantwortung, und ich fürchte, daß das amerikanische Fernsehen zu einem weiteren Gewinnhai herunterkommen wird, sobald die Verantwortungsbewußten abtreten.«

Chayefskys Drehbuch enthielt für einige wenige glückliche Schauspieler Paraderollen, doch die Besetzung der Rolle des Howard Beale erwies sich als problematisch. Die Figur muß überzeugen, da sie durch die täglichen Auftritte ein bekanntes Gesicht hat. Die rücksichtslose Programmdirektorin und der kampfesmüde Max agieren nur im Hintergrund, doch Howard Beale ist einer, den das Publikum bereits kennt. Das Projekt brauchte jemanden, der die Abhängigkeit, die entspannte Sicherheit und Integrität eines Mannes glaubhaft verkörpert, der ohne Bedenken täglich in die Wohnzimmer eingelassen wird. Henry Fonda, mit dem Lumet schon einige Male zusammengearbeitet hatte, war seine erste Wahl, doch lehnte dieser ab, weil diese Rolle für seinen Geschmack zu hysterisch war. Auch George C. Scott und Glenn Ford lehnten ab. Peter Finch als interessante Besetzung ins Spiel zu bringen, geht auf einen Geistesblitz Paddy Chayefskys zurück. Finch war zu dieser Zeit Farmer in Jamaica und hatte dem Filmgeschäft an sich schon ade gesagt. Sollte Finch tatsächlich die Rolle übernehmen wollen, so müßte er für einen Schauspieler seines Rangs harte Bedingungen erfüllen: er sollte seine Anreise nach New York selbst bezahlen und außerdem probesprechen. Die Verantwortlichen befürchteten, daß er den Akzent nicht in den Griff bekommen würde, auch hatten sie Bedenken, weil bis dahin noch kein großer Star des amerikanischen Kinos dazu überredet werden konnte, die Rolle zu übernehmen. Doch Finch las das Drehbuch und wollte die Rolle. Er flog nach Amerika, hörte sich Tonbänder von Fernsehmoderatoren an und war für die Probe bestens gerüstet. Howard Gottfried, der Produzent des Films, erinnert sich: »Er war verdammt nervös, als wir uns zu einem ersten Vorgespräch trafen, und beim Probesprechen war er wie ein Kind. Als wir ihn hörten, gerieten Sidney, Paddy und ich richtiggehend in Ekstase, weil wir wußten, daß die Rolle wahnsinnig schwer zu besetzen war.«

Als die Besetzungsliste komplett war, begann man Anfang 1976 mit den Proben zu *Network,* die in einem zugigen Ballsaal im Hotel Diplomat in Manhattan stattfanden. Somit begann das, was Faye als »eine der glücklichsten Erfahrungen, die ich je gemacht habe« beschrieb. »Das ist Lumet und Chayefsky zu verdanken. *Network* ist der einzige Film, bei dem während der Dreharbeiten das Drehbuch nicht angetastet worden ist, weil es beinahe so war, als wäre es in Versen geschrieben. Der Film war sehr eigenartig und bedrohlich, weil er der Wahrheit entsprach. Wir leben in einer Genera-

›Network‹: *Peter Finch und Faye Dunaway*

tion von Fernsehkindern und wir erziehen gerade die nächste
Generation von Fernsehkindern. Damit meine ich ein Publikum, das wir in die Theater und Kinos locken wollen, das
aber daran gewöhnt ist, vor der Glotze zu hocken, in der jeder Film alle zwei Minuten unterbrochen wird, so daß es sich
gar nicht mehr wirklich dafür interessiert, was danach
kommt. Dieses Publikum ist äußerst schizophren.«
Lumet ist ein peinlich genau vorbereitender, hart arbeitender und effizienter Regisseur. All diese Qualitäten machten
ihn bei Faye sehr beliebt. »Wenn Sie mich fragen, dann ist
Sidney einer der, wenn nicht *der* begabteste und professio-
nellste Mann der Welt. Zwei Wochen vor den Dreharbeiten
gliedert er mit seinem Kameramann die Szenen in Blöcke.
Während der Dreharbeiten wird keine Minute vergeudet,
und das wirkt sich nicht nur auf das Budget des Studios aus,
sondern auch auf den Schwung der Darsteller. Man sitzt nicht
herum und wartet, nur weil irgend jemand einen lächerlichen
Fehler gemacht hat. Jeder ist vorbereitet, und man bewegt
sich mit dem Film. Er ist wirklich ein talentierter Mann und
für die Schauspieler eine große Stütze, auch zu meiner Leistung hat er viel beigetragen.«
Die Studio-Szenen in *Network* wurden in den CFTO-Studios
in Toronto gedreht, und getreu Lumets Ruf wurde der Film
eine Woche vor Ende des Drehplans fertiggestellt. Faye hatte es genossen, an der Seite eines Schauspielers vom Kaliber
eines Peter Finch zu arbeiten, und anders als bei ihrem früheren Zusammentreffen war die Beziehung zu William Holden
diesmal sehr herzlich. Sie erzählte später: »Ich habe einige
seiner früheren Filme gesehen. Er war immer sehr gut und er
ist sehr wandlungsfähig. Ich fand ihn sehr gescheit und lie-
benswert.«
Fayes Charakter ist völlig anders als die, die sie bis dahin verkörpert hatte. Diana ist ein weibliches Energiebündel, das
keinerlei Leidenschaft zeigt. In vieler Hinsicht ist sie die
weibliche Entsprechung zu Kirk Douglas' Eddie Anderson in
The Arrangement, allerdings fehlen ihr die Selbstzweifel und
die Identitätskrise Andersons. Sie ist rücksichtslos ehrgeizig,
und ihr Leben besteht nur aus den Aufs und Abs der Ein-

Faye hier mit William Holden in ›Network‹

schaltquoten; Erfolg oder Mißerfolg lassen sich nur an zwei-
stelligen Zahlen ablesen. Sie ist ein Medienmonster von nie-
derdrückender Unmenschlichkeit. Gerade hinsichtlich der
Figur des Beale gab es hier Zweifel darüber, ob man eine solche Kreatur überhaupt spielen solle. »Es gab Leute, die mir
rieten, diese Rolle nicht zu spielen, da die Diana keine
menschlichen Züge mehr hat: Das Medium ist die Falle. Am
Ende gibt sie seelenruhig die Anweisung, Howard Beale zu
töten.«
In einer Szene liegt Diana mit Max Schumacher im Bett und
es wird deutlich, daß sie selbst während des Liebesakts nur
von Quoten reden kann. Zum Orgasmus kommt sie, wie es
scheint, viel eher durch die Macht des Erfolgs als durch Schu-
machers Anstrengungen. Auf dem Höhepunkt bricht aus ihr
heraus: »Das wird ein größerer Hit als Watergate!« Die
Deutlichkeit dieser Szene fand Holden nur dadurch gerecht-

149

fertigt, daß sie für die Skizzierung von Dianas Charakter sehr aufschlußreich war. »Wenn vorher nicht schon einige auf der Leinwand im Bett zu sehen gewesen wären, dann hätte ich gezögert«, gab Holden zu. »Solche Szenen sind nicht nach meinem Geschmack. Ich glaube, daß der Liebesakt eine private Sache ist, und deshalb mag ich es nicht, wenn er auf der Leinwand gezeigt wird. Aber ich muß mich an das halten, was das heutige Publikum als völlig normal empfindet. Und *Network* ist nicht *Deep Throat* (Deep Throat). Die Szene war nicht pornographisch gedacht. Sie war dazu gedacht, einen Charakterzug ans Licht zu bringen; die Tatsache, daß Faye die ganze Zeit redet, sagt mehr über sie aus. Das war Paddys Art, sich vom Dialog loszumachen. Ich bin allerdings mit ihm einer Meinung, daß die Szene belustigender sein sollte, als sie schließlich herauskam.«

Genau das richtige Maß für das Porträt der Diana zu finden, war für Faye eine Herausforderung. Auf der Suche nach weicheren Zügen in diesem Monster, versuchte Faye, die Spuren von Menschlichkeit, die es auch bei Diana gibt, aufzuzeigen. »Bei jeder Rolle, die ich spiele, versuche ich immer zwei Dinge zur gleichen Zeit. In Dianas Fall versuchte ich, sie sowohl aggressiv als auch verletzbar zu skizzieren. Sie versucht, zwischen ihrem beruflichen und ihrem privaten Leben ein Gleichgewicht herzustellen, aber sie schafft es nicht. Sie ist der Typ Frau, der entsetzlich vereinsamt enden wird. In dem ganzen Film gibt es nur *eine* naturalistische Szene, und das ist die mit Beatrice Straight und William Holden. Die anderen waren stark verfremdet, mit anderen Worten, Paddy gab mir nie die Möglichkeit, darzustellen, womit Diana für ihre Art bezahlen muß, oder daß sie überhaupt etwas bedauert, also mußte ich diese Züge unterschwellig einbauen. In einigen Sequenzen habe ich das ganz versteckt eingebracht, so daß das Publikum hoffentlich wenigstens ansatzweise den Eindruck gewinnt, daß Diana irgendwo in ihrem Inneren genau weiß, was sie aufgegeben hat.«

Faye mußte die Chrakterisierung des Monsters Diana nicht mit letzter Disziplin durchhalten, sie durfte sich manchmal zurückziehen, um über das, was sie als nächstes spielen sollte, nachdenken zu können. Die Szene, in der Diana ganz ruhig den Vorschlag macht, Beale ermorden zu lassen, war ein besonderer Kraftakt. »Wir spielten die Szene und starben beinahe vor Lachen. Wir unterhielten uns ganz ernsthaft darüber, als ob wir bloß vor der Entscheidung stünden, ob wir heute eine rote Krawatte tragen sollen oder nicht. Von Moral nicht die Spur. Aber genau darauf legten Paddy und Sidney Wert, sie wollten dieses Problem moralisch angegangen wissen, und ich mußte zustimmen. Es war einfach ein Problem, das gelöst werden mußte, und Diana, die immer die glänzenden Ideen hatte, würde es schon lösen. Die anderen saßen einfach da und warteten darauf, daß sie es tun würde, was sie schließlich auch tat.«

Die Kritik nahm *Network* sowohl lobend als auch analysierend auf. David Castell schrieb in *Films Illustrated:* »Chayefsky erklärt uns, daß nur drei Prozent der amerikanischen Bevölkerung noch Bücher lesen und daß weniger als 20 Prozent täglich die Zeitung kaufen. Das geschriebene Wort verkümmert, weil es zu wenig gepflegt wird, während die Wahrheit, die die Fernsehstationen verkünden, jeden Abend in Milliarden Haushalte gelangt. Im Mittelpunkt dieses Films steht die Käuflichkeit des Fernsehens, aber Chayefsky gehörte noch nie zu denen, die sich auf ein einziges Ziel einschießen, wenn er die Möglichkeit hat, noch einige andere aufs Korn zu nehmen. Auf diese Weise werden Religion, Politik, die entindividualisierte Gesellschaft und die Lebensqualität des 20. Jahrhunderts insgesamt (bzw. deren Mängel) durch Chayefskys ätzende Prosa verlästert.« Es war unmöglich, einzelne schauspielerische Leistungen besonders herauszustreichen, weil *Network* von einer seltenen Gemeinschaftsleistung aller Beteiligten geprägt ist. Jede Charakterisierung ist sehr lebendig und erreicht nur durch die jeweils anderen Figuren und die Umgebung ihre Aussagekraft. Holden hat seine beste Rolle seit langem; er setzt seine schroffe, jedoch anrührende Verletzlichkeit ein, um die Humanität früherer Zeiten zu personifizieren. Peter Finchs Leistung kann nur als bravourös bezeichnet werden, und Faye ist als Repräsentantin der neuen Unmenschlichkeit einzigartig. Alexander Walker schrieb über sie im *London Evening Standard:* »Doch die beste von allen in diesem bemerkenswerten Film ist Faye Dunaway. Ihre Rolle und die Art, wie sie sie spielt, machen all das wieder gut, was sie nach *Bonnie and Clyde* an Boden verloren hat.«

Angesichts der Beobachtungen, die Chayefsky über das Verkümmern der Schriftlichkeit und der mangelnden Konzentration der Zuschauer machte, ist es erstaunlich, daß *Network* dennoch sein Publikum in Massen anzog. 1977 gehörte es zu den 20 größten Kinoerfolgen und spielte ansehnliche 14,5 Millionen Dollar ein.

Der Film war ein Top-Anwärter für die Auszeichnungen und Ehrungen, die zu Beginn des Jahres 1977 vergeben werden sollten, um die besten Produktionen und schauspielerischen Leistungen des Vorjahres hervorzuheben. Wie bei allen Wettbewerben ist im Kampf um die ersten Preise ein widerwärtiges, aufdringliches Buhlen an der Tagesordnung, was andererseits wieder verständlich ist, berücksichtigt man zum Beispiel die Auswirkungen eines Oscars auf die Karriere eines Schauspielers und auf seine Zugkraft. Sidney Lumet und Peter Finch arbeiteten nach trojanischem Muster, um *Network* nachhaltig in Erinnerung zu bringen und um *Network* eine gute Aussicht im tollwütigen Balgen um den Sieg zu verschaffen. Finch hatte schon seit einigen Jahren mit seinem Herzen Probleme gehabt. Die Rolle des Howard Beale war sowohl physisch als auch psychisch sehr strapaziös, und Finchs Anstrengungen für *Network* hatten ihn ausgelaugt. Am 14. Januar 1977 brach er in der Empfangshalle des Hotels Beverly Hills zusammen, während er auf seinen Auftritt in einer weiteren Fernsehshow wartete. Er starb im Alter von 60 Jahren an einer schweren Herzattacke.

Genau 14 Tage später wurden die Golden Globes verliehen. *Network* gewann in den Kategorien beste Regie, bestes Drehbuch, bester Hauptdarsteller (für Finch) und beste Hauptdarstellerin in einem ernsten Film (für Faye).

Am 28. März 1977 fand im Dorothy Chandler Pavillon die 49. Oscar-Verleihung statt. *Network* war in allen wichtigen Kategorien nominiert, und Faye nahm den dritten Anlauf,

Die Entlarvung einer Macht,
die unser Leben verändert hat.

BEALE FIRED
Obscenities Provoke Record Calls

NETWORK

Ein Film über
die gefährlichste,
furchterregendste,
unheimlichste
Macht dieser Welt.

Robert Duvall und Faye in ›Network‹

sich den Oscar für die beste weibliche Hauptrolle zu sichern.
Ein paar Monate zuvor hatte Amerika die Amtsübernahme
des Demokraten Jimmy Carter als Präsident miterlebt. Faye
war bei einer Prominenten-Feier zugegen gewesen, die Warren Beatty im Vorjahr für Carter organisiert hatte. Der politische Anstrich dieser Zeremonie spiegelte den Erfolg der
Demokraten wider, denn die Liberalen Hollywoods nahmen
eine dominierende Rolle bei der Vergabe der Preise ein. Die
vier Gastgeber des Abend waren Warren Beatty, Jane Fonda, Ellen Burstyn ud Richard Pryor.
Als der Abend schon ein wenig fortgeschritten war, betraten
Sylvester Stallone und Mohammed Ali die Bühne, um Bea-

trice Straight für ihre Leistung in *Network* den Oscar für die beste weibliche Nebendarstellerin zu übergeben. William Holden, der einer der Nominierten für die beste Hauptrolle war, agierte auch als Preisverleiher. Lillian Hellman wurde mit stehenden Ovationen begrüßt, als sie auftrat, um die Gewinner in der Dokumentarfilm-Kategorie bekanntzugeben. Ihr Kommentar: »Der zweite Grund, aus dem ich hier bin, ist vielleicht der einzige, der mir persönlich wirklich wichtig ist. Ich war einmal ein respektiertes Mitglied dieser Gemeinschaft. Mit respektiert meine ich nicht mehr, als daß ich mich täglich badete, wenn ich nüchtern war, und daß ich nicht spuckte, wenn ich nicht wollte, und daß ich die paar Brocken schickes Französisch falsch aussprach. Dann plötzlich, und zwar noch vor McCarthys Kahlschlag mit seiner verrosteten, vergifteten Axt, waren ich und einige andere für die Besitzer dieser Industrie nicht länger akzeptabel. Sie stellten sich den wilden Anschuldigungen Joe McCarthys mit der Macht und dem Mut einer Schüssel voller Kartoffelbrei entgegen. Ich blicke ohne Zorn auf diese Zeit zurück. Doch es erfüllt mich mit boshafter Freude, daß man mich rehabilitiert hat, und mir ist völlig klar, daß die jüngere Generation, die mich für diesen Abend hierher gebeten hat, mit dieser Einladung mehr meinte als nur meinen Namen und meine Geschichte.«

Norman Mailer übergab den Oscar für das beste Drehbuch an Paddy Chayefsky. Der Abend ging seinem Höhepunkt entgegen, als es an die Verleihung der drei wichtigsten Oscars ging. Im Wettbewerb um den Oscar für den besten Film hatte *Network* kein Glück, denn Jack Nicholson eröffnete den Zuschauern, daß *Rocky* zum besten Film gewählt worden den sei.

Kein Schauspieler hatte jemals postum einen Oscar erhalten, und Peter Finch war erst der dritte, der die Preisverleihung nicht mehr erlebte; seine Vorgänger waren James Dean und Spencer Tracy. Finchs unglaubliche Leistung hatte alle so beeindruckt, daß man der Ansicht war, daß sein Tod ihn nicht seines verdienten Preises berauben sollte.

An Liv Ullmann war es, den Hauptdarsteller bekanntzugeben. Ihre Worte waren: »Man könnte sagen, daß ein Maßstab für die Leistung eines Schauspielers ist, wie sehr er bereit ist, sich selbst nicht zu verstecken ... sondern sich in seiner ganzen Menschlichkeit darzustellen, und sowohl die lichteren als auch die dunkleren Stellen seines Wesens zu offenbaren ... ganz offen und ehrlich. Die Nominierten für die Darstellung einer Hauptfigur sind: Robert de Niro für *Taxi Driver* (Taxidriver), Peter Finch für *Network,* Giancarlo Giannini für *Seven Beauties* (Pasqualino Settebellezze/Sieben Schönheiten), William Holden für *Network* und Sylvester Stallone für *Rocky.*« Dann öffnete sie den Umschlag. »Und der Gewinner ist Peter Finch für *Network.* Entgegennehmen wird den Preis Paddy Chayefsky.«

Chayefsky meinte nur: »Aus irgendeinem unerfindlichen Grund bin ich hier, um diese Ehrung für Peter Finch, oder

Eine strahlende Faye bedankt sich für ihren Oscar

Finchie, wie wir ihn alle nannten, entgegenzunehmen. Für mich gibt es keinen Grund, hier zu sein. Es gibt nur einen Menschen, der diesen Preis annehmen sollte, und das ist Mrs. Peter Finch. Bist Du hier, Eletha? Komm und hol' Dir Deinen Preis.« Eine sehr bewegte stehende Ovation empfing Eletha Finch, als sie nach vorne, auf die Bühne zuging, auf der sie sagte: »Ich möchte den Mitgliedern der Akademie im Namen meines Mannes danken. Ich wünschte, er wäre heute nacht hier bei uns, aber da das nicht der Fall ist, werde ich dies ewig für ihn hegen.«

Unbeteiligten Beobachtern mag die Oscar-Zeremonie als ein nie enden wollender Abend erscheinen. Doch für die, für die es um einen Preis geht, ist der Abend voller fingernagelstrapazierender Spannung, da keiner vorher weiß, wer die Gewinner sein werden. In der Kategorie beste Hauptdarstellerin war die Konkurrenz, gegen die Faye bestehen mußte, viel schwächer, als bei ihren vorhergehenden Nominierungen, obwohl manche voller Sicherheit Liv Ullmann für die Gewinnerin hielten. Faye hatte lange und geduldig auf die Eröffnung ihres Schicksals gewartet, als Louise Fletcher auf die Bühne trat, um der Anspannung ein Ende zu machen. Sie zählte die Namen der Nominierten auf: Marie-Christine Barrault für *Cousin, Cousine* (Cousin, Cousine), Sissy Spacek für *Carrie* (Carrie – des Satans jüngste Tochter), Faye Dunaway für *Network,* Talia Shire für *Rocky* und Liv Ullmann für *Face to Face* (Ansikte mot Ansikte/Von Angesicht zu Angesicht). Nachdem sie den Umschlag aufgerissen hatte, erklärte sie die strahlende Faye Dunaway zur Gewinnerin. Faye meinte: »Ich habe nicht damit gerechnet, daß das jetzt schon passieren könnte.«

Mutterfreuden

In Fayes Augen war der Oscar »sowohl ein Ende als auch ein Anfang. Ich möchte nun weitergehen und große, vitale Figuren verkörpern, die genauso wie ich viele Hochs und Tiefs durchlebt haben. Furchtlose, mutige Frauen faszinieren mich. Deshalb bewundere ich Bette Davis so sehr. Sie war die erste Frau, die das alte Hollywoodsystem, das mit seinen Stars machte, was *es* wollte, und nicht, was *diese* wollten, herausgefordert hat.« Und als ob sie dieser Absicht Nachdruck verleihen wollte, hat sie ihrer Arbeit in den letzten zehn Jahren eine noch flamboyantere Note gegeben, ganz ähnlich wie die oft nachgeahmte Miss Davis.

Den Oscar zu gewinnen, kann einer Schauspielerin grenzenlose Möglichkeiten eröffnen, da sie zwölf Monate lang den Status einer ungekrönten Königin Hollywoods innehat. Faye wollte das Leben der Victoria Woodhull verfilmen, einer in Ohio geborenen Frauenrechtlerin, die 1872 Amerikas erster weiblicher Präsidentschaftskandidat war, in den 1890ern für freie Liebe eintrat und im Alter von 89 Jahren in Großbritannien starb. Als möglicher Regisseur für die Verfilmung dieser Geschichte war George Cukor im Gespräch. In einem anderen Projekt hätte sie mit Glenda Jackson zusammengespielt. Faye bemühte sich auch um die Verwirklichung eines alten Traumes, die Gründung eines amerikanischen Nationaltheaters, und sprach über dieses Vorhaben auch mit Präsident Carter. »Wir neigen dazu, solche Projekte den Briten zu überlassen, weil sie das entsprechende Schauspieler- und Dramaturgenpotential dazu haben, doch wir übergehen dabei die Tatsache, daß wir in Amerika mit die besten Schauspieler, Dramaturgen und Techniker der Welt haben. Das Problem ist, daß das große Geld sie zur Film- oder Fernsehproduktion oder zur Werbung zieht.« Unter den Filmrollen, die sie im Kielwasser ihres Oscars ablehnte, waren *Fun with Dick and Jane* (Das Geld liegt auf der Straße) und Fred Zinnemanns *Julia* (Julia); beide Rollen gingen an Jane Fonda.

Der Oscar bleibt die höchste Auszeichnung in der Welt des Films, und Faye festigte nun ihren Ruf und ihren Status, die sie in diesem Geschäft durch *Network* erreicht hatte. Die gegenwärtige Dominanz der männlichen Stars im Filmgeschäft ist bereits zur Sprache gekommen. Faye war in fünf aufeinanderfolgenden Jahren, von 1974 bis 1978 auf der Liste der zugkräftigsten Stars unter den ersten 25 zu finden. Der einzige andere weibliche Star, der hier genausooft auftauchte, war Barbra Streisand. 1974 waren nur drei Frauen auf dieser Liste der ersten 25 zu finden, und 1977 und 1978 erreichte die Zahl die schwindelnde Höhe von sieben. Diese Tatsachen machen ihre anhaltende Popularität um so beeindruckender.

Selbst in seinen kühnsten Träumen hätte das einsame Mädchen aus Bascom nicht an einen solchen Erfolg zu denken gewagt und in gewisser Hinsicht konnte sich Faye nun entspannen, da sie nichts mehr zu beweisen hatte. Sie drosselte den Motor ihrer Karriere auf niedrigere Drehzahlen, um ein wenig über sich selbst nachdenken zu können. Sie zog sich für zwölf Monate vom Film zurück, weil sie das dringende Bedürfnis hatte, Ordnung in ihr Leben zu bringen. In diesem Zusammenhang legte sie sich einen neuen Rechtsanwalt, einen neuen Agenten und einen neuen Steuerberater zu. »Ich habe meine Karriere nun völlig unter Kontrolle«, behauptete sie. »Ich stehe nun ganz oben und kann machen, was ich will, selbst Regie führen.« Genau wie Diana in *Network* hatte Faye nach einem Gleichgewicht zwischen beruflicher Erfüllung und persönlichem Glück gesucht, und nicht immer ließen sich beide miteinander harmonisieren.

1977 besuchte der Fotograf Terry O'Neill Faye und Peter Wolf, um für eine Story die notwendigen Bilder zu schießen. Die beiden waren sich schon früher bei Dreharbeiten begegnet, denn O'Neill, der einmal Raquel Welchs fast exklusiver Fotograf war, war bei den Dreharbeiten zu *The Three Musketeers* in Spanien dabei gewesen. Diesmal reagierten sie anders aufeinander und Faye meinte: »Wir haben uns ineinander verliebt. Meine Ehe war schon kaputt, bevor ich Terry wiedersah.« O'Neill war gut zwei Jahre älter als Faye und seit vielen Jahren mit der Schauspielerin Vera Day verheiratet.

Faye einmal mehr in einer Kleiderständerrolle: ›Die Augen der Laura Mars‹

Aus dieser Ehe hatte er zwei Kinder. Die nächsten Jahre wurden damit verbracht, die jeweilige Scheidung durchzuziehen, damit das Paar endgültig zusammenkommen konnte. Die Presse erging sich sehr bald über »den Londoner Schnappschießer und die Südstaaten-Schönheit«, doch fiel es Faye leicht, über dieses Gerede hinwegzusehen, weil sie endlich das schwer definierbare Glück gefunden hatte. »Es ist fast ein Wunder, daß wir einander gefunden haben«, meinte sie. »Ich glaube, wir müssen dem Schaugeschäft dafür danken, daß es uns zusammengeführt hat. Und ich glaube, dafür bin ich dankbarer als für alles andere, selbst für all den Ruhm.« Ihre Beziehung zu O'Neill vermittelte ihr ein Gefühl der Sicherheit und der Ruhe, und 1980 wurde sie Mutter eines Sohnes.

Nach ihrem ausgedehnten Rückzug von der Leinwand begann sie im Oktober 1977 an *The Eyes of Laura Mars* (Die

159

›Die Augen der Laura Mars‹

Augen der Laura Mars) zu arbeiten. Wie es sich für ihren neuen Status gehörte, gab es in diesem Film kaum eine Einstellung, in der sie nicht zu sehen war. Ihre Rolle der Laura Mars machte ihre Anwesenheit bei fast allen der 65 Drehtage notwendig. Der Film wurde unter größten Geheimhaltungsmaßnahmen gedreht, und die Presse durfte sich dem Drehort nicht nähern. Faye spielt in dem Film eine weltberühmte Modefotografin. Um gut vorbereitet zu sein, lernte sie viel über die Kunst der Fotografie. Sie las Bücher darüber und nahm bei einer Reihe von Fachleuten Unterricht. Die Fotografien, die in dem fertigen Film zu sehen sind, stammen von dem in Berlin geborenen Helmut Newton und der New Yorkerin Rebecca Blake, die beide Spezialisten für sinnliche und gewaltvolle Bilder sind, die schöne Modelle vor blutrünstigem Hintergrund zeigen.

Die Leute, die an dem Film mitwirkten, waren hingerissen von den Möglichkeiten, die in ihm steckten. Produzent Jon

Peters zeichnete verantwortlich für die Streisand/Kristoffersen-Version von *A Star Is Born* (A Star Is Born, 1976) und konnte daher Barbra Streisand dazu überreden, für seine neue Produktion den Titelsong zu singen. Er erklärte: »Es ist ein furchterregender, faszinierender Film über zwei Menschen, die sich lieben. Das macht einen nachdenklich und zugleich empfänglich. Und ich glaube, daß das das Wichtigste am Film ist.« Fayes Co-Star Tommy Lee Jones sagte: »Es gibt keinen Meter Film, von dem nicht eine geheimnisvolle At-

Faye und Produzent Jon Peters während der Dreharbeiten zu ›Die Augen der Laura Mars‹

161

mosphäre ausgeht. Für mich ist dieser Film ein Horrorfilm, ein romantischer Thriller, ein Kunst-Film, ein dramatischer Film – der manchmal sogar komisch ist. Er enthält einfach alles.« Faye war über den Film und ihre Rolle ebenso begeistert: »Die Laura ist sicher einer der verzwicktesten Charaktere, die ich je gespielt habe, eine Mischung aus intelligentem Glamour und zeitgenössischer Begabung – und natürlich wirkt sie geheimnisvoll. *Eyes of Laura Mars* enthält soviel Elemente, daß es schwierig ist, ihn mit ein paar Worten wiederzugeben. Man könnte sagten, er ist ein Krimi, er ist unglaublich spannend und er ist die Geschichte einer starken Liebe, in der die Bindung der zwei Liebenden über das hinausgeht, was man üblicherweise miterlebt.«

Eyes of Laura Mars wurde in New York gefilmt, und Faye agierte in einer Szene, in der sie mitten im dichtesten Stadtverkehr einen Blackout erleidet, ohne Double. Ebenso mußte sie hinter dem Steuerrad die Kontrolle über sich selbst verlieren und in ein Schaufenster rasen – auch das ohne Double. Ihre Mutter Grace besuchte sie bei den Dreharbeiten und konnte mit eigenen Augen sehen, wie hoch der Allmächtige ihre Kleine gehievt hatte.

Für Kenner von Details mag eine Kleinigkeit, die sich bei den Dreharbeiten zu *Laura Mars* ergab, interessant sein: Der entlegenste Drehort des Films führte die Schauspieler und das Team zum Ferncliff-Friedhof, der im Außenbezirk Hartsdale liegt. Unter den Größen des Schaugeschäfts, die hier liegen, sind Judy Garland und Jerome Kern. Und sechs Monate, bevor hier für *Laura Mars* gedreht wurde, hatte auf diesem Friedhof Joan Crawford ihre letzte Ruhe gefunden.

Ohne die Äußerungen von Faye, Jon Peters und Tommy Lee Jones mit Schmutz bewerfen zu wollen, muß gesagt werden, daß dieser Film seiner Stars nicht würdig ist. Die beste Leistung zeigt Jones als der sympathische Polizist, der sich zuletzt als der Mörder entpuppt. Fayes Laura Mars ist ein Kleiderständer par excellence, da sie in erster Linie in einer schimmernden Hochglanzwelt selbst hochmodisch und schick zu sein hat, ganz nebenbei wird sie auch bedroht. Die »geheimnisvolle Atmosphäre« geht auf ihre Gabe zurück,

›Die Augen der Laura Mars‹

eine Reihe von gräßlichen Morden vorherzusehen, die zuerst ihre nächste Umgebung treffen, um dann sie selbst unmittelbar zu bedrohen. Es handelt sich hier um eine klassische Frau-in-Gefahr-Situation, die modisch verpackt ist.

Das Magazin *Time* ging mit dem Film besonders hart ins Gericht und beschrieb ihn folgendermaßen: »Hält sich lange mit schicken Schauplätzen auf, zeigt teure Schauspieler und gemeine Morde, ist aber bar jeder erzählerischen Spannung. Was ein hochkarätiger Thriller hätte werden können, wie zum Beispiel *Klute* (Klute, 1971) oder *Don't Look Now* (Wenn die Gondeln Trauer tragen, 1973) scheint statt dessen zu einer endlosen Folge von *Charlie's Angels* geworden zu sein.« Der Kritiker der *Time* war selbst reichlich gemein, als er näher auf Fayes Rolle einging: »Mit ihren hervorquellenden, tränenfeuchten Augen und ihrer bebenden Stimme ist diese Schauspielerin eine Ein-Mann-Band für neurotische Gesten. Ihre Darstellung ist ermüdend und wird all jene schmerzlich berühren, die erst vor kurzem diese Manierismen in *Chinatown* und *Network* gesehen haben. Doch die Dunaway hat die einzig erwähnenswerte Zeile im ganzen Film, sie sagt sie mitten in ihrer Liebesszene: ›Ich hab's absolut nicht mehr im Griff‹.«

Eyes of Laura Mars war kein Erfolg, und Gerüchte wollten wissen, daß der nach der Filmvorlage geschriebene Roman einträglicher war als das Originalprojekt. Trotzdem machte sich der unerschrockene Jon Peters an die Planung seines nächsten Films, eines Remakes des Klassikers *The Women* (Die Frauen, 1939), in dem ausschließlich Frauen mitgespielt hatten. Seine Absicht war, ähnlich viele weibliche Stars zu vereinen wie das Original, unter anderem Barbra Streisand und Faye Dunaway. Dieser Film wurde nie gedreht, doch Fayes nächste Verpflichtung galt ebenfalls dem Remake eines Klassikers der dreißiger Jahre: *The Champ*.

Der italienische Regisseur Franco Zeffirelli war gerade dabei, seinem Fernseh-Epos *Jesus of Nazareth* (Jesus von Nazareth) den letzten Schliff zu geben, als MGM ihm das Angebot machte, seinen ersten Film in Hollywood zu drehen. Später erzählte er *Films and Filming:* »Das Original von *The Champ* ist wahrscheinlich der Film, der von allen Filmen, die ich je gesehen habe, die traumatischsten Auswirkungen auf mein Denken und Fühlen gehabt hat. Seit ich ihn 1933 zum ersten Mal gesehen hatte, habe ich nichts mehr von ihm gehört. Ich war ein Kind und ich war in einer sehr schwierigen persönlichen Lage: Meine Mutter war tot, mein Vater lebte mit einer anderen Frau zusammen und hatte eine neue Familie gegründet; ich saß auf dem trockenen. Zwar kümmerten sich wunderbare Menschen um mich, meine Tanten und so weiter, doch war meine Kindheit trotzdem von der Aura des Unnormalen umgeben. Keine Mutter, kein Vater – folglich war ich tief berührt, als ich diesen Film ansah. Viele, viele Wochen lang war ich in einer Art Schockzustand. Ich erinnere mich noch an die Sorge meiner Tanten: ›Du solltest das Kind nicht zu solchen Filmen mitnehmen‹.«

The Champ hatte im krisengeschüttelten Amerika des Jahres 1931 alle Kassenrekorde gebrochen und MGM zum größten Erfolg jenes Jahres verholfen. Der Drehbuchautorin Frances Marion und dem Hauptdarsteller Wallace Beery hatte er je einen Oscar eingebracht. In dieser Geschichte über einen heruntergekommenen Boxer, der für seinen Sohn, der ihn als Helden verehrt, tapfer ein Comeback versucht, trieft das Schmalz.

Zeffirelli arbeitete gerade im Synchronisationsstudio in Twickenham. Eines Abends kam er nach einem besonders harten Arbeitstag nach Hause und machte sein Fernsehgerät an. Er hatte auf den falschen Programmknopf gedrückt und

Der Beschützer, der ein Killer ist: Tommy Lee Jones an Fayes Seite

sah im Nachtprogramm *The Champ*. Diese zufällige Konfrontation mit dem Film veranlaßte ihn, MGM anzurufen, um ihnen ein Remake vorzuschlagen. »Mein Traum war, einen Film zu machen, bei dem das Publikum von heute sein Herz öffnet und sich menschlich fühlt. Das würde ich viel lieber machen, als mit den Schrecken unserer Zeit zu arbeiten, zum Beispiel mit Vietnam. *The Champ* befaßt sich mit Problemen, die den Zuschauern nahegebracht werden müssen und für die wir Lösungen finden müssen.«

MGM nahm seinen Vorschlag an, und man begann mit der Planung für dieses neue Projekt. »Als wir ganz am Anfang über die Besetzung sprachen, sagte ich: ›Ich hätte gerne Jon Voight und Faye Dunaway, aber wir werden wohl keinen von beiden kriegen‹«, erinnert sich Zeffirelli. Doch die meisten Regisseure neigen dazu, später ihre Zufriedenheit mit den Darstellern zum Ausdruck zu bringen, die die Rollen schließlich übernommen haben, und so könnte man diese Äußerung der Weisheit nach dem Ereignis zuschreiben. Zunächst sollte Ryan O'Neal den Champion spielen, doch der sagte angeblich ab, als man seinem Sohn Griffin die Rolle des Jungen nicht geben wollte. Robert Redford lehnte die Rolle ab, weil er Bedenken hatte, einem ausländischen Regisseur ein letztendlich völlig amerikanisches Thema zu überlassen. Die anfängliche Begeisterung für den Film kühlte etwas ab, doch King Vidor, der Regisseur der Originalfassung von *The Champ*, nahm Zeffirelli in Schutz: »Vielleicht braucht der Film gerade die Perspektive eines Unbeteiligten.«

Für die Nebenrolle, die schließlich Faye übernahm, waren ursprünglich sowohl Julie Christie als auch Kate Jackson im Gespräch. Es gab einige Gerüchte über ein unwürdiges Gerangel wegen Fayes Forderungen; es heißt, daß sie eine Million Dollar gefordert hätte, doch schließlich auch die Hälfte akzeptierte.

Für ihr Mitwirken in *The Champ* gab Faye einen ganz einfachen Grund an: »Wenn eine Rolle interessant ist und mich fordert, dann nehme ich sie, auch wenn sie keine Hauptrolle ist. Zum Beispiel habe ich bis jetzt noch nicht oft eine Mutterrolle gespielt.«

›Der Champ‹: Faye mit ihrem Film-Sohn Ricky Schroder

Zeffirelli hatte sich viele Gedanken darüber gemacht, wie er
The Champ dem Publikum der Siebziger zugänglich machen
könnte. Dabei war er zu dem Schluß gekommen, daß sich an
der Rolle der Mutter der Wandel der Zeit bemerkbar machen muß. »Ich habe mir das Original-Drehbuch von Frances
Marion und King Vidor genommen und es 47 Jahre später
weiterentwickelt. Die Frau war im Originalfilm eine sehr

167

flüchtige Figur, niemand fand viel über sie heraus. Doch in der heutigen Zeit der befreiten Frau müssen wir die Geschichte auch aus ihrer Sicht beleuchten. Wir versuchten nach einem halben Jahrhundert in etwa denselben Weg zu gehen, vor allem nach diesem halben Jahrhundert. Das alles war geschehen: ein Weltkrieg, die Frauenbewegung, die neue Beziehung zwischen Eltern und Kindern, die Veränderung der familiären Beziehungen. Alles das mußte berücksichtigt werden, und dennoch sollte es ein Film über eine legendäre Vater-Sohn-Liebe bleiben. Zum Glück konnten wir der Mutter-Rolle mehr Kontur verleihen, so daß Faye sie annahm. Nach meiner Version ist *The Champ* nun die Geschichte einer zerbrochenen Ehe, die sich vor dem Hintergrund von Pferderennen und Boxringen abspielt.«

Die Produktion von *The Champ* verzögerte sich, da Zeffirelli einen männlichen Co-Star für Faye und den jungen Neuling Ricky Schroder suchte. Schließlich gelang es dem Regisseur, seine Wunschbesetzung anzuheuern, und zwar Fayes Partner aus *A Streetcar Named Desire* – Jon Voight. Voight zögerte zunächst ein wenig, die Rolle so kurzfristig zu übernehmen. »Es machte mich ein wenig unsicher, daß ich erst so spät zu der Produktion gestoßen bin und nur noch einen Monat Vorbereitungszeit hatte«, sagte er. »Außerdem hatte ich gehört, daß Robert de Niro für die Ringszenen in der Verfilmung der Geschichte von Jake Lakotta zwei Jahre trainiert hat, und daß Stallone für *Rocky* sechs Monate lang das Boxen gelernt hatte. Ich habe mit Jimmy Gambina trainiert, aber es war Knochenarbeit. Ich habe eine Menge Boxer unter die Lupe genommen, sowohl berühmte als auch unbekannte. Ich habe versucht, ihnen einige ihrer Verhaltensweisen, ihrer Gesten und ihrer Stimmen abzuschauen. Dann habe ich meiner Sprache ein wenig von Ton Jimmy Durantes hinzugefügt und den New Yorker Akzent betont, weil Ricky von dort kommt, und wenn er meinen Sohn spielt, dann sollten wir schon dieselbe Sprache sprechen. Man kann von einem achtjährigen Jungen nicht erwarten, daß er sich eine andere Art zu sprechen angewöhnt für den Film.«

Auch Faye mußte sich körperlich auf den Film vorbereiten,

›Der Champ‹

und Zeffirelli erzählte: »Sie hat freiwillig zugenommen, denn
sie meinte, daß sie mit ihrer schlanken Figur nicht den Vorstellungen, die man von Müttern hätte, entspräche. Also hat
sie eine Mastkur gemacht. Sie hat zehn oder 15 Pfund zugenommen, die sie aber sofort wieder abnahm, nachdem der
Film fertiggestellt war. Es ist ihr nicht allzu wichtig, wie sie
aussieht, obwohl sie immer hinreißend ist. Sie ist zur Ruhe
gekommen. Damit meine ich, daß ihre Attraktivität nicht

mehr von einer schlanken Figur und so weiter abhängt. Sie hat das sich selbst zu verdanken: ›Ich bin zur Ruhe gekommen. Ich bin jetzt glücklich verheiratet. Ich stehe nicht mehr Modell, obwohl ich einmal Modell war. Ich bin Designerin, also kann ich ruhig ein wenig mollig sein, denn schließlich stellt man sich eine Mutter so vor.‹ Sie ist eine großartige Schauspielerin. Ich glaube, sie ist die beste amerikanische Schauspielerin dieser Generation.«

Die Dreharbeiten vor Ort, in Florida, bedeuteten für Faye eine Heimkehr. Doch glühende Hitze und hohe Luftfeuchtigkeit machten die Arbeit dort nicht gerade zum Vergnügen. Man konnte nur wenige Stunden täglich drehen, und die Schauspieler mußten sich vor große Ventilatoren stellen, um sich in den Drehpausen ein wenig abzukühlen. Gerüchten zufolge gab es bei den Dreharbeiten Ärger. Es war offensichtlich, daß Faye mit Jon Voight nicht sprach und keiner der Darsteller sich mit Zeffirelli unterhielt. Doch der Regisseur unterdrückte solche Berichte schnell, und es war ein kollektiver Seufzer der Erleichterung zu vernehmen, als man in die Studios von MGM nach Hollywood umzog.

Zeffirelli arbeitete Fayes Rolle während der Dreharbeiten immer mehr aus. Er entschied, daß das Zurücklassen ihres Kindes der Preis war, den sie für die Unabhängigkeit von der Dominanz ihres boxenden Ehemannes Voight zu zahlen hatte. Sie hat danach ihren Wert als Modedesignerin und Beraterin unter Beweis gestellt, und nach sieben Jahren trifft sich das Paar bei einer Modenschau wieder. »Bei dieser Gelegenheit unterstreichen wir die Verschiedenartigkeit ihrer Lebensstile«, erklärte Zeffirelli. »Plötzlich ist der Boxer, der es gewohnt war, die Ovationen von Millionen Menschen entgegenzunehmen, fehl am Platze in der High-Society-Domäne seiner Frau. Dieses eine Mal steht sie als Siegerin da.« Für Faye brachte die bessere Ausarbeitung ihrer Figur auch mehr Arbeit mit sich. »Ursprünglich hatte ich in der Szene mit der Modenschau weniger als sechs Zeilen Text«, erzählte sie, »doch am Ende war ich in einen zwei Seiten langen Dialog verwickelt, den ich am selben Tag auswendig lernen mußte, an dem wir die Szene filmten.«

Von der Mehrheit der Kritiker wurde *The Champ* hart rangenommen. Sie kreideten Jon Voight an, daß er viel zu intelligent sei, um in der Rolle des abgewrackten Boxers überzeugen zu können, und Fayes Schicksal beklagten sie, weil ihr Talent in einer weiteren Kleiderständer-Rolle vergeudet worden sei. Doch die Kraft des Stoffs, die Herzen des Publikums zu erobern, blieb ungeschmälert erhalten, und der Film wurde auf der ganzen Welt zu einem großen Erfolg. Ricky Schroder bekam einen Golden Globe als bester männlicher Schauspieldebutant des Jahres. Zeffirelli rechnete es seinen Stars hoch an, daß sie die alte Maxime, derzufolge man nie mit Kindern und Tieren zusammenspielen sollte, außer acht ließen. »Er (Voight) war sehr großmütig. Doch später beschlichen ihn Zweifel. Als Jon sich dazu entschloß, die Rolle anzunehmen, war dafür letzten Endes der Test mit dem Jungen ausschlaggebend. Er sagte: ›Ich muß den Film machen.

Jon Voight und Faye in ›Der Champ‹

Es wäre eine Tragödie, wenn dieser Junge diese Rolle nicht spielt ...‹ Für Jon war die Lage schwierig. Seine Vorstellung ist großartig, doch wenn man gegen eine solche Konkurrenz anspielt, dann ist es nicht leicht, zu bestehen. Faye war schlau. Sie sagte: ›Ich möchte nicht in Konkurrenz zu dem Kind treten. Ich werde gar nichts machen. Ich werde mich diskret im Hintergrund halten, weil alles von dem Kind ausgeht und ich weiß, daß es unmöglich ist, es auszustechen.‹ Und wie sie das machte, war sehr clever.«

Noch während der Dreharbeiten zu *The Champ* erhielt Faye ein Angebot von MGM, die wieder an einem Projekt mit einem berühmten Vorläufer plante. »Man fragte mich, ob ich in einer Fortsetzung von *Gone With The Wind* (Vom Winde verweht, 1939) die Scarlett O'Hara spielen wolle. Ich war sehr geschmeichelt, nicht nur, weil es eine Ehre ist, bei einem so klassischen Unternehmen berücksichtigt zu werden, sondern auch, weil die Leute langsam, aber sicher wahrnahmen, daß ich aus den Südstaaten stamme. Im Herzen bin ich immer noch ein Südstaaten-Kind, doch wegen meines schillernden Images und wegen meiner vielen europäischen Filme glaubt ein Teil des Publikums, daß ich Engländerin sei oder zumindest aus den Neu-England-Staaten komme.« Mit beinahe absoluter Sicherheit wäre Robert Redford ihr Rhett Butler geworden, doch bis heute ist keine Fortsetzung von *Gone With The Wind* entstanden, und das ist vielleicht gut so.

Die nächste Möglichkeit, Faye zu sehen, erhielt das Publikum in dem oberflächlichen Polizei-Thriller *The First Deadly Sin* (Die erste Todsünde), in dem Faye wieder eine Nebenrolle spielte. In Hollywood hatte man dieses Projekt schon lange im Auge gehabt. Roman Polanski war einmal als Regisseur für diesen Streifen im Gespräch und Marlon Brando als Hauptdarsteller. Schließlich gelang es, Frank Sinatra zu überreden, seiner langen Abwesenheit von der Leinwand ein Ende zu machen, und die Rolle des Polizisten Edward Delaney zu übernehmen sowie die Teilverantwortung für die Produktion des Films.

Sinatras Polizist, der kurz vor seiner Pensionierung steht, kämpft mit einer Reihe beruflicher und persönlicher Zweifel.

Faye als Barbara Delaney in ›Die erste Todsünde‹

Er untersucht eine Serie gräßlicher Morde, bei denen die Schädel der Opfer mit einer dünnen, scharfen Waffe durchbohrt worden sind. Gleichzeitig ist er in großer Sorge wegen des Gesundheitszustands seiner Frau Barbara (Faye), die vor kurzem an den Nieren operiert worden ist und die nun vor seinen Augen immer schwächer und hinfälliger wird. Delaneys Gefühl der Ohnmacht wirkt sich auf den Ablauf der Ereignisse aus, und als er den Mörder erwischt, kommt er der Justiz zuvor und spricht mit seiner Kugel *sein* Recht. In der Zwischenzeit ist Barbara gestorben.

Frank Sinatra fühlte sich in seiner jüngeren Filmkarriere sehr zu Porträts von Gesetzeshütern hingezogen, Beispiele dafür sind *The Detective* (Der Detektiv, 1968) und der Fernsehfilm *Contract on Cherry Street* (1977). Nur ein gebrochener Mittelhandknochen hinderte ihn daran, diese Bastion des aufrechten Rechtsvollzugs in *Dirty Harry* zu spielen. Die politische Haltung von *The First Deadly Sin* steht sehr stark mit Sinatras Rückbesinnung auf die Republikaner in Verbindung, denn durch die Handlungen des wachsamen Polizisten schimmert drohend ein Bekenntnis zu einer Art Faustrecht. Einige Kritiker bezeichneten diesen Film als »ersten Reagan-Thriller«, und Philip Oakes schrieb in der *Sunday Times:*»Sinatras Präsenz scheint weniger eine schauspielerische Tätigkeit zu sein als ein dumpfes Plädoyer für die Macht der Starken.«

Faye hat in diesem Film die undankbarste Rolle ihrer Laufbahn. Als Sinatras arme Frau ist sie ein unbedeutender Bestandteil, der die Handlung verlangsamt und verwirrt. Doch sie hatte ihre Gründe, diesen Film zu machen: »Zwei Dinge waren es – Frank Sinatra, den ich enorm bewundere. Ich glaube, er ist einer der wenigen wirklich großen Künstler. Der zweite war, daß ich die Zeit dazu hatte und ich mich fragte, was man in einem Bett in einem Zimmer machen könne. Ein ganzes Stück wurde darüber geschrieben, und ich war neugierig. Es war eine schauspielerische Erfahrung, herauszufinden, was man alles anstellen kann, wenn man auf einen so kleinen Raum beschränkt ist.« Die 750 000 Dollar, die sie für ihre zehntägige Arbeit erhalten haben soll, werden bei ihrer Entscheidung sicher keine geringe Rolle gespielt haben. Anders als bei *The Champ* wurde die allgemeine Ablehnung der Kritik nicht durch einen großen Kassenerfolg wettgemacht.

In den vier Jahren seit *Network* hatte Faye drei Filme gemacht, und keiner von ihnen war besonders gut. In den vier Jahren vor *Network* hatte sie acht Filme gemacht. Sie arbeitete offensichtlich nicht mehr so hart wie früher, eine Tatsache, die man der Vielschichtigkeit ihrer Beziehung zu O'Neill und der befreienden Wirkung eines Oscars zuschreiben konnte. Sie widmete ihren persönlichen Angelegenheiten mehr Zeit, auch andere Dinge wurden ihr mit einiger Verspätung wichtiger als ihre Karriere. Sie hatte sich immer eine Familie gewünscht, doch ihr einst alles verzehrendes Bedürfnis nach Selbsterfüllung durch ihre Arbeit hatte sie dazu gebracht, sich diese Freude zu verweigern. Sie sagte einmal: »Ich habe einfach zu viel zu tun, und mir ist nicht klar, wie ich jemals die nötige Zeit oder den richtigen Zeitpunkt finden soll. In gewisser Hinsicht sind meine Filme meine Kinder, und ich entwickle eine innige Beziehung zu ihnen.« Nun, da sie eine Frau war, die die magische Grenze der 40 am Horizont heraufziehen sah, wurde Zeit ein grundlegender Faktor für sie. Die Erinnerungen an ihre eigene Kindheit und die traumatische Trennung ihrer Eltern hatten bei ihr ebenso Spuren hinterlassen, wie das Gefühl der Vergänglichkeit, das ihr viele ihrer Beziehungen gegeben hatten. Bevor sie eine Familie gründete, wollte sie zu sich selbst gefunden haben und in sich ruhen, genauso wie sie davon überzeugt sein wollte, daß sie den Mann gefunden hatte, der für den Rest ihres Lebens bei ihr bleiben würde. Terry O'Neill war dieser Mann.

Im Spätfrühjahr des Jahres 1980 gebar Faye einen gesunden Jungen, dem sie den Namen Liam gab. In ihrem Haus in Connecticut hatte sie ein Zimmer speziell für ihre Schwangerschaft hergerichtet. Die Geburt blieb ein wohlgehütetes Geheimnis vor der Presse, selbst vor einigen engen Freunden, weil man die Scheidung O'Neills glatt über die Bühne bringen und die Beziehung zu seinen Kindern nicht belasten woll-

Frankie-Boy als Fayes Ehemann in ›Die erste Todsünde‹

175

te. Fayes zweite Hochzeit fand mit einiger Verspätung statt. Das Paar wollte in der St.-Patricks-Kathedrale in New York heiraten, doch verweigerte der Vatikan seine Zustimmung, weil beide geschieden waren.

Nach einer Phase beruflicher Inaktivität, in der sie zweifelsohne ihr Leben mit Liam genoß, freute sich Faye darauf, ihre Arbeit wiederaufzunehmen, und auf die »großen, vitalen Rollen«, die sie sich nach ihrem Oscar-Gewinn zum Ziel gesetzt hatte. Der Dramaturg Ronald Harwood hatte nach den Vorlagen von zwei Büchern – *Evita – First Lady* von John Barnes und *Eva Peron* von Nicholas Fraser – ein Drehbuch für einen vierstündigen Fernsehfilm geschrieben. Faye erhielt das Angebot, die Evita Peron zu spielen und war begeistert: »Ich liebe es, diese herausfordernden, ehrgeizigen Frauen zu spielen, die am Ende ihren Kampf gewinnen, doch nie über ihre Vergangenheit hinwegkommen. Sie sind multidimensionale Charaktere, mit vielen Schattierungen und Tugenden und mit widerstreitenden Gefühlen. Man kann einfach nichts falsch machen, wenn man eine solche überlebensgroße Gestalt verkörpert.«

Eva Peron war erst 33 Jahre alt, als sie starb, weshalb sich für Faye zunächst das Problem des Alters ergab, um so mehr, als die ersten Szenen des Films Evita im Teenager-Alter zeigen. Doch das Musical *Evita* hatte in der Öffentlichkeit Interesse an der Diktatur der Perons in Argentinien erzeugt, und für das Fernsehen war es ein großer Coup, eine Schauspielerin vom Format Faye Dunaways gewinnen zu können. Ihre Gage soll eine Million Dollar betragen habe. Robert Mitchum hätte als Juan Peron sein Fernseh-Debut geben sollen, doch die Verhandlungen scheiterten. »Schade«, meinte Mitchum. »Ich hätte die Rolle gerne gespielt und ich hätte auch gerne mit Faye Dunaway zusammengearbeitet. Ich habe gehört, daß die Geschichte sie von ihrem 19. Lebensjahr bis zu ihrem Tod begleitet. Ich nehme an, daß sie mich deshalb wollten. Ich bin wahrscheinlich der einzige Schauspieler weit und breit, neben dem Faye Dunaway wie 19 aussehen könnte.«

James Farentino erhielt die Rolle des Juan Peron und die Dreharbeiten begannen unter dem Arbeitstitel *Evita, the*

Faye in der Rolle der Evita Peron in der gleichnamigen Fernsehserie

First Lady. »Ehe ich die Rolle annahm, wußte ich sehr wenig über Evita«, erklärte Faye Reportern. »Argentinien ist weit weg, von Los Todos, wo sie geboren ist, ganz zu schweigen. Was mich an Evita fasziniert, ist ihre Fähigkeit, die private von der öffentlichen Persönlichkeit zu trennen. Ich war mir nicht sicher, ob ich eine derart rücksichtslose Frau spielen könnte. Der Schlüssel zu Evita ist ihre Verbindung zum Volk. Sie kümmerte sich um die Armen, und das macht sie für mich interessant. Ich habe mein eigenes Los Todos, es ist Bascom, wo ich geboren bin. Auch ich wollte mein Leben in meine Gewalt bringen. Ich kannte den Zorn und die Frustration des armen Mädchens aus dem Süden, das gegen seine Armut ankämpfte.«

Der Film beginnt im argentinischen Chivilcoy des Jahres 1926 und folgt dem Aufstieg der Eva Duarte von der ehrgeizigen, hoffnungsvollen Schauspielerin zur First Lady des Staates, bei dem sie sich buchstäblich an die Spitze durchschläft.

Der Film startet etwas holprig, da Faye hoffnungslos unglaubwürdig ist als großäugiges, naives Fräulein, das von der Armut und ihrer illegitimen Geburt dazu getrieben wird, ihre Spuren in einer ahnungslosen Welt zu hinterlassen. »Ich werde Schauspielerin und ich werde berühmt«, »Ich möchte zur Kenntnis genommen werden und etwas ganz besonderes sein:« das sind einige Beweise für ihren brennenden Ehrgeiz.

Evas politische Ansichten kommen in Sätzen wie folgendem deutlich zum Ausruck: »Ich hasse die Reichen, ich hasse sie ganz einfach.« Den ganzen Film hindurch werden die tumultuarischen Ereignisse der Geschichte zu den unausgegorenen Banalitäten kondensiert, die zu den besten Sendezeiten gang und gäbe sind.

Als Eva die Frau des Ministers für Arbeit und Wohlfahrt, Juan Peron, wird und als solche die treibende Kraft hinter seiner Präsidentschaftskandidatur, beginnt sich der Film auf sichererem Boden zu bewegen und wird zum Teil sogar mitreißend, da er Evas hochentwickeltes Bewußtsein für den Wert der Propaganda und den Gebrauch der Medien zeigt, mit dem sie es schafft, Juan Peron als Mann des Volkes zu verkaufen. Genauso medienwirksam weiß sie ihre Ehe und ihr Leben als Präsidentin und First Lady Argentiniens darzustellen.

Offensichtlich wechselte Eva Peron viermal am Tag ihre Kleider, weshalb Faye über den Film verteilt in 61 verschiedenen Kreationen zu sehen ist, die insgesamt 300 000 Dollar gekostet haben. Der Wert der Diamanten, mit denen sie behängt ist, liegt um die sechs Millionen Dollar.

Die Einzelheiten der umstrittenen Diktatur der Perons sind faszinierend, da Eva ihre Macht dazu benutzt, sich an jenen zu rächen, die ihr irgendwelche Striche durch die Rechnung gemacht hatten, und an den Reichen, die sie schon immer verachtet hatte. Auch wenn ihr Leben nun in einem großarti-

James Farentino und Faye als Ehepaar Peron

›Evita Peron‹

gen Rahmen abläuft und sie ihre Macht rücksichtslos ein-
setzt, so ist doch ihr Einsatz für die Armen unermüdlich und
aufrichtig. Später diagnostiziert man bei Eva ein Krebslei-
den, dem sie im Alter von 33 Jahren erliegt. Die ganze Nation
betrauert sie, und ihr letzter Wunsch ist, daß sich künftige
Generationen daran erinnern werden, daß es an der Seite
General Perons eine Frau gegeben habe, die ihm die Hoffnungen und Bedürfnisse des Volkes nahegebracht habe. Der
Name dieser Frau war Evita.
Mit der Rolle der Evita fügt Faye ihrer Sammlung verbissen
ehrgeiziger Frauenfiguren, die dazu entschlossen sind, ganz
nach oben zu kommen, eine weitere hinzu. Sie schafft es, die
Leidenschaft einer Frau einzufangen, die ein unglaubliches
Bedürfnis danach hat, etwas hinter sich zu lassen. Doch han-

delt es sich hier um eine vertraute Interpretation, die schon bessere Drehbücher zur Grundlage hatte. James Farentino zeigt Peron, den er die ganze Zeit hindurch sehr effektvoll unterspielt, aus einer sehr interessanten Perspektive.

Evita Peron wurde im Februar 1981 im amerikanischen Fernsehen ausgestrahlt und erhielt sieben Emmy-Nominierungen. Das Magazin *Time* brachte Faye Lobeshymnen dar, als es schrieb: »Sie hat die kühle, fleischfressende Intelligenz, die man braucht, um das Flittchen eines Diktators sein zu können. Wenn der Stoff zäh wird, dann entfacht sie ihr Feuer, und er wird wieder flüssig. In starken Szenen, so zum Beispiel als die sterbende Evita übers Radio von ihrem Volk Abschied nimmt, wartet sie mit vielen verschiedenen Stimmungen auf – Erschöpfung, Koketterie, Verachtung – und holt so das Letzte aus ihnen heraus.«

Auch wenn *Evita Peron* letztlich eine sehr wenig zufriedenstellende Produktion war, so war sie für Faye doch eine Art Aufwärmübung für ihre nächste Rolle, die große Leinwand-Biographie der Joan Crawford.

Und wieder ein Kraftakt

Joan Crawford war die ideale Verkörperung der Filmgöttin. Sie vereinigte all die Qualitäten in sich, die quasi synonym für das alte Hollywood stehen: sie war hochmodisch, schön und schillernd. 50 Jahre lang war sie selbst ihre beste Schöpfung, die sich in der nie abreißenden Verehrung ihres sie bewundernden Publikums sonnen konnte. Andere Stars sorgten dafür, daß ihnen wenigstens ein wenig Privatsphäre erhalten blieb, während die Crawford hart daran arbeitete, so öffentlich wie möglich zu leben. »Wenn man ein Star sein möchte, dann muß man sich wie ein Star verhalten, und ich gehe keinen Schritt aus dem Haus, ehe ich nicht wie Joan Crawford, der Filmstar, aussehe. Wenn die Leute das Mädchen von nebenan sehen wollen, dann sollen sie nach nebenan gehen«, sagte sie einmal. »Alles, was ich habe, verdanke ich der Filmindustrie. Ich wurde vor der Kamera geboren. Etwas anderes kenne ich nicht.«

Je mehr Zeit verging, um so mehr wurde die wirkliche Joan Crawford zu einem verschleierten Mythos, und ihre nie endende Faszination nahm mystische Formen an. Ihre Überzeugung, derzufolge das Filmstar-Dasein ein Vollzeit-Job ist, hat immer die Eindrücke beherrscht, die man von Joan Crawford als Frau hatte. Ihre letzten Jahre können nicht glücklich gewesen sein, da sie allein lebte, sich nur noch selten sehen ließ und sich völlig von der Leinwand zurückgezogen hatte. Sie war eine schwere Trinkerin und litt an Krebs, den zu ertragen sie erst durch den Trost der Christian Science lernte. Im Jahre 1977 erlag sie diesem Leiden.

Gemäß ihrem Testament vermachte sie ihren beiden Töchtern Cathy und Cindy je 77 000 Dollar, und ihren langjährigen Weggefährten und Angestellten kleinere Summen. Das restliche Vermögen, etwa zwei Millionen Dollar, ging an verschiedene Wohlfahrtseinrichtungen und Stiftungen. Das Testament endete mit den Worten: »Es ist meine Absicht, meinem Sohn Christopher und meiner Tochter Christina hier keine Zuwendungen zu machen, und zwar aus Gründen, die beide gut kennen.« Dieser letzte Satz kann ihre Familie nicht überrascht haben, denn Cindy und Cathy waren ihre liebevollsten Kinder, während Christopher mit seiner Mutter seit 20 Jahren kein Wort mehr gesprochen hatte.

Innerhalb von 18 Monaten schrieb Christina das berüchtigte *Mommie Dearest* (Meine liebe Rabenmutter), entweder aus Rache oder als erlösenden exorzistischen Akt. Das Buch war eine hysterische Anklage des Verhaltens der Mutter gegenüber ihren Kindern. Es enthielt grelle Details über einzelne Mißhandlungen und Demütigungen. Für die Taschenbuchrechte soll Christina 750 000 Dollar erhalten haben. Da es einen sehr aufnahmefähigen Markt für Schauergeschichten über solche zu geben scheint, die sich nicht mehr verteidigen können, wurde das Buch innerhalb kürzester Zeit zu einem Bestseller. Hollywood war an dem Stoff interessiert, offenbar glücklich darüber, Sensationelles mit Nostalgischem kombinieren zu können. Für die Filmrechte soll Christina 300 000 Dollar erhalten haben.

Im August 1978 wurde bekanntgegeben, daß Anne Bancroft für eine Summe von einer Million Joan Crawford spielen würde. Christina sollte ihr eigenes Buch zu einem Drehbuch umschreiben, und Regie sollte der Brite Jack Clayton führen. Clayton zog sich später aus dem Projekt zurück, und Christina wurde gebeten, ihre Arbeit als Drehbuch-Schreiberin abzugeben, als sich herausstellte, daß sie nicht dazu in der Lage war, ein annehmbares Szenario zu entwerfen. Dann wurde Frank Perry, der schon in *Doc* mit Faye zusammengearbeitet hatte, gebeten, die Regie zu übernehmen. Später meinte er gegenüber *Films in Review:* »Als ich dazustieß, sollte immer noch Anne Bancroft die Hauptrolle spielen. Wir schrieben das Drehbuch, und Paramount meinte, daß es das erste Drehbuch sei, das sie umsetzen wollten. ›Wir werden die Millionen auftreiben, die wir brauchen, um den Film zu machen, der auf diesem Drehbuch basiert. Es ist großartig.‹ Also gaben wir das Drehbuch Anne Bancroft zu lesen, aber Anne fand es scheußlich. Wir fragten sie: ›Was gefällt dir nicht daran, wo möchtest du Änderungen. Wenn du möchtest, daß es umgeschrieben wird, dann sag' uns, wer es machen soll.‹ Sie sagte: ›Ich möchte, daß Arthur Miller es umschreibt.‹ Arthur Miller und *Mommie Dearest* umschreiben? Uns gefiel das Drehbuch, und Paramount auch, und wir wollten wissen, was ihr nicht gefiel und wie sie es lieber hätte, und als sie das nicht konnte, sagten wir: ›Wenn das so ist, dann werden wir den Film ohne dich machen! Sie meinte: ›Großartig‹, und wir holten uns auf der Stelle Faye.«

Es heißt, daß Anne Bancroft das Drehbuch als einen Scharf richter für Joan Crawford empfunden hätte, Faye aber war dazu in der Lage, die positiven Züge, die Perry und Frank Yablans ihr gegeben hatten, besser herauszulesen. Für sie sollte dieser Film ein Versuch sein, die Waage wieder ins Gleichgewicht zu bringen, die nach dem Buch so sehr zuungunsten Joan Crawfords ausgeschlagen hatte. Christina hatte die Einzelheiten über ihre Wutanfälle und willentlichen Mißhandlungen beigesteuert, und Perrys Film sollte dies durch Erklärungen ergänzen, in der Hoffnung, daß dadurch klarer werden würde, was für eine Frau Joan Crawford war, welchem Druck sie ausgesetzt war durch ihre Karriere, was sie selbst für eine Kindheit gehabt hatte; denn all das konnte für die Analyse ihres Handelns sehr aufschlußreich sein. Faye fühlte sowohl gegenüber der Crawford-Legende als auch gegenüber deren vielen Fans, für die die Filmgöttin nie gestorben war, eine Verantwortung. Bevor sie die Rolle annahm, bestand sie darauf, daß man sich auf faire Weise mit dem Star auseinandersetzen müsse, dann begann ihre anstrengendste und strittigste Filmverpflichtung. Ironischerweise war es Joan Crawford, die einmal gesagt hatte: »In meinen Augen hat nur Faye Dunaway das Talent, die Klasse und den Mut, die einen wahren Star ausmachen.«

Für Frank Yablans stand im Mittelpunkt des Films die Beziehung zwischen der Mutter und der Tochter, die Geschichte einer unerwiderten Liebe. Die Crawford hatte viele Gesichter. Ihre beiden wichtigsten waren die der Mutter und des Filmstars. In beiden Funktionen konnte sie sowohl großzügig als auch entsetzlich fordernd sein. Sie war Opfer und Schädiger zugleich. Sie war ein Opfer ihrer zerrütteten Vergangen-

Faye in der Rolle der Filmdiva Joan Crawford: ›Meine liebe Rabenmutter‹

heit, in der sie als Kind emotional mißhandelt worden war,
und sie schädigte ihre eigenen Kinder, da sie nicht in der Lage
war, ihre Kindheit aufzuarbeiten, sondern sie an ihre Kinder
weitergab. Doch in erster Linie geht dieser Film auf die Beziehung zwischen ihr und Christina ein.
»Sie schlug ihre Kinder nicht, weil sie unglaublich sadomaso-
chistisch geprägt war. Ihre Wut kam zum Ausbruch, wenn
ihre Kinder ihrem Bedürfnis nach Ordnung und Perfektion
nicht entsprachen. Sie empfand das als eine enorme Beleidi-
gung und bekämpfte es. Was Christina betrifft, so hatte Joan
nicht damit gerechnet, daß ein Kleinkind, das sie voller Liebe
adoptiert, ein sehr unabhängiges Wesen mit einem ausge-
prägten eigenen Willen werden könnte.«

Frank Perry bestand jedoch darauf, daß der Film kein »voyeuristischer Blick ins Privatleben der Joan Crawford« werden sollte.

Faye las alle Bücher über Joan Crawford, sah sich die Filme an, in denen sie mitgespielt hatte, sprach mit ihren engsten Freunden und Kollegen, hörte sich Tonbandaufnahmen von ihren Radioshows an und studierte die Aufnahmen, die es von sonstigen Auftritten der Crawford gab. Faye hatte das Buch *Mommie Dearest* nicht gelesen, wurde sich aber dessen bewußt, daß die darin enthaltene Beschreibung Joan Crawfords als Monster ihre Einschätzung des Stars dennoch beeinflußt hatte. Sie las das Buch schließlich doch, sprach aber nie mit Christina: »Ich hatte das Gefühl, daß sie mir nicht mehr erzählen konnte, als das, was ich aus dem Buch erfahren hatte.«

Die Erforschung der Joan Crawford begann Faye damit, eine Erklärung für die Frau, wie sie in Christinas Buch beschrieben wurde, zu finden. Sie wollte Joans Handeln verstehen, weil sie nur dann die Rolle spielen konnte. Dabei lernte sie einige Eigenschaften des legendären Stars zu bewundern: »Sie ist der diszipliniertigste Mensch, von dem ich je gelesen habe. Sie hat sich enorme Aufgaben gestellt und während sie versuchte, ihre Karriere am Laufen zu halten und gleichzeitig eine Mutter zu sein, die ihren Kindern Perfektion und Ordnung abverlangte, brach sie öfters zusammen und und in nervöse Rasereien gegen ihre Kinder aus. Ich glaube, sie war eine unglaubliche Frau. Sie war großherzig und freigebig, wie es nur ein Mensch sein kann, dem Not ein Begriff ist. Ich war immer der Ansicht, daß die Geschichte von Joan und Christina von den unvermeidlichen Mißverständnissen handelt, die zwischen einem armen und einem Wohlstandskind entstehen. Die Crawford lebte in einer Märchenwelt: Hollywood. Sie wollte, daß ihr kleines Mädchen nur das Beste bekommt. Aber Christina begriff nicht, was das bedeutete, sie hatte keine anderen Maßstäbe. Sie hat nie Böden geschrubbt, gearbeitet oder eine schwere Zeit durchmachen müssen. Die Crawford war sehr diszipliniert. Christina kapierte nicht, daß sie ein wunderbares Leben führte. Und das wurde zum großen Problem in ihrer Beziehung. Der starke Wille beider hat die Beziehung auf immer belastet. Joan war sehr emotional, Christina war viel kühler, aber beide wollten mit aller Kraft Schauspielerinnen sein. Daß sie einander oft enttäuschten, war unvermeidlich. Joan hatte nie das Gefühl, daß Christina sie wirklich liebte, doch letztendlich liebten beide einander sehr, aber sie haßten sich auch. Joan wurde von den Menschen um sie herum buchstäblich verrückt gemacht.«

Als Faye ihre Reise in die Psyche der Joan Crawford fortsetzte, muß sie verblüfft gewesen sein über die Parallelen zu Diana Christensen in *Network*. Wieder steht eine hartgesottene Karrierefrau im Mittelpunkt, und wieder der Preis, den sie

Für die Öffentlichkeit immer ein Idyll parat: ›Meine liebe Rabenmutter‹

für ihren Erfolg zahlen muß. Faye hatte das Gefühl, daß Paddy Chayefskys Drehbuch ihr keine Möglichkeit gegeben hatte, Dianas Wissen um die Opfer, die sie darbrachte, einzuarbeiten. In *Mommie Dearest* konnte Faye ihre Figur aus einer abgerundeteren Sicht darstellen. Sie mußte nicht nur die rücksichtslosen Kämpfe zeigen, die ein Top-Star in jener Zeit zu bestehen hatte, sie konnte auch die Kehrseite beleuchten, an der Frustration, Verzweiflung und Einsamkeit zu erkennen waren, wenn die Dinge schief liefen.

»Kindesmißhandlung ist ein sehr ernstes Thema, und die Berichte über Joans Verhalten gegenüber ihren beiden älteren Kindern sind auch von anderer Seite bestätigt worden«, glaubte Faye. »Aber jede Geschichte hat zwei Seiten, und wie man weiß, ist auch Joan in ihrer Kindheit mißhandelt worden. Studien zeigen, daß die meisten Kindesmißhandler in ihrer Kindheit selbst mißhandelt worden sind, und Joan hatte eine armselige Kindheit, sie mußte sich wirklich nach oben krallen. Sie stand unter enormem Druck. Auch wenn sie ihre Kinder vielleicht mehr um der Publicity willen als aus bloßer Liebe adoptiert hat – ich will sie damit nicht entschuldigen –, so glaube ich doch, daß wir nicht vergessen dürfen, was sie durchgemacht hat, sowohl als Frau als auch als Schauspielerin auf dem Weg nach oben. Heutzutage kann eine Schauspielerin machen, was sie will, aber damals waren die Regeln ... na ja, ich glaube, es war einfach wie in einem verherrlichten Straflager.«

Faye wandte die psychologischen und emotionalen Einblicke, die sie in Joan Crawfords Innenleben erhalten hatte, bei ihrer Interpretation dieser Figur so an, daß sie das Gefühl hatte, diese Frau sei so dargestellt, daß ihr Handeln dem Publikum verständlich werden könnte. Nachdem sie sich diese psychologischen Details zu eigen gemacht hatte, ging sie daran, sich auch die physischen Einzelheiten der Joan Crawford genauer anzuschauen.

Die Augen sind das charakteristischste äußere Merkmal der Crawford: groß, leuchtend, durchdringend und rätselhaft. Dazu kamen ihre hohen Augenbrauen, der breite Mund, der durch Lippenstift nachgeformt war und ihr einen harten Zug verlieh – körperlicher Ausdruck ihrer Selbstdisziplin. Für Faye und die Maskenbildner lag die Herausforderung nicht nur darin, die Crawford so nachzubilden, wie sie in den 30er Jahren ausgesehen hatte, sondern sie mußten auch einen Alterungsprozeß von mehr als 40 Jahren nachbilden und dafür sorgen, daß die ganze Schminke auch dann hielt, wenn sie mit Wasser in Berührung kam. Ihre Standfotos wurden ganz genau unter die Lupe genommen, man experimentierte mit verschiedenen Perücken, falschen Wimpern und Lippenkonturen. Die Augenbrauen der Crawford lagen ungewöhnlich weit über ihren Augen, und Faye mußte deshalb ihre eigenen Augenbrauen auszupfen und mit künstlichen Härchen diese Linie um gut zwei Zentimeter nach oben versetzen. In der ersten Zeit nahm dieser Verwandlungsprozeß drei Stunden in Anspruch, doch gegen Ende der Dreharbeiten hatte er sich auf 90 Minuten verkürzt.

»Generationen von Kinobesuchern wissen genau, wie sie aussah«, sagte Faye, als sie die physischen Aspekte der Charakterisierung dem *Sunday Telegraph Magazine* erklärte. »Das bedeutete natürlich eine deutliche Einschränkung für meine darstellerischen Möglichkeiten. Ich mußte den berühmten Gang der Crawford einstudieren ... und die Dialoge zum Teil durch den kontrollierten Einsatz der Gesichtsmuskeln zum Ausdruck bringen, um die kühnen, runden Augen und die ausgeprägte Kinnlinie zu unterstreichen. Ich mußte meine Stimme einige Töne tiefer ansetzen und die Worte ganz tief unten im Rachen bilden, ohne dabei irgendwelche hohen Laute zu produzieren. Ich trug ungefähr 18 Perücken, obwohl ich manchmal auch mein eigenes Haar benutzte, wenn die Szenen besonders gefühlsgeladen waren, denn das Haar spielt mit!«

Die Friseuse Kathryn Blondell, die Kostümdesignerin Bernadiene Mann und die Maskenbildnerin Lee Harmon trugen alle zur Illusion Fayes als Joan bei. »Am Ende des Films mußte ich immer noch so gut aussehen wie Joan das in ihren späteren Jahren tat, und wie die Kinobesucher sie kannten. Für die Szenen im höheren Alter legte die Maskenbildnerin ein klebendes Material auf meine Haut und trug darüber eine dicke

Schicht Make-up auf. In Unterwasserszenen wurde es ebenfalls problematisch, zuerst in einer Liebesszene unter der Dusche und dann bei einem Wettschwimmen mit Christina. Auch im Wasser mußte ich noch so aussehen wie die Crawford. Sie haben es hingekriegt, indem sie meine Augenbrauen mit Haarspray fixiert und meine Lippen mit einem Siegellack abgedeckt haben. Außerdem spielt die richtige Beleuchtung eine wichtige Rolle für die Aufrechterhaltung der Illusion auf der Leinwand.«

Die Dreharbeiten, für die zwölf Wochen eingeplant waren, begannen im Januar 1981, ein paar Wochen später feierte Faye ihren vierzigsten Geburtstag. Faye war sich sehr wohl über die Anforderungen im klaren, die die Dreharbeiten an sie stellen würden. Fayes Co-Star Steve Forrest meinte rückblickend:»Die gewalttätigen Szenen, die im Buch so herzzerreißend beschrieben werden, bleiben im Film erhalten. Fayes Vorstellung dörrt die emotionalen Energien völlig aus.«

Während der Dreharbeiten bekam Fayes geordnetes Privatleben eine größere Bedeutung als je zuvor.»Wenn ich keinen Ort hätte, an dem ich mich entspannen und ganz normal sein kann, dann könnte ich in meine Arbeit nicht soviel reinstecken«, erklärte Faye.»Die Wochenenden und Abende mußten ruhig sein. Jeder einzelne Drehtag laugte mich völlig aus.«

Terry O'Neill übernahm die Funktion eines Executive Producers, damit Faye die größtmögliche Unterstützung und einen Prellbock hatte. Christina bestand darauf, daß ihr Ehemann David Koontz zu denselben Bedingungen engagiert wurde. Beiden Parteien lag natürlich daran, die Interessen ihrer Frauen zu vertreten, weshalb der Produzent Frank Yablans gelegentlich in Konflikte geriet:»David machte mich mit seinen Protesten gegen Fayes angebliche ›Entschärfung‹ Joans verrückt, und Terry war darüber besorgt, daß wir Faye zu weit trieben und ein Ungeheuer erschaffen würden.«

Die schonungslosen Bemühungen, täglich neue Kindsmißhandlungen wiederzubeleben, hinterließen bei Faye, die sich völlig in ihre Rolle versenkt hatte, ihre Spuren. Die oft erschütternde Gewalt tat ein übriges. Als sie den Film auf dem britischen Markt einführte, erklärte sie: »Für mich war das sehr schlimm. Beim Aufstehen stellte sich als erstes immer ein Gefühl der Angst ein, einer richtiggehend körperlichen Angst. Die Last, die auf die Gefühle drückt, ist scheußlich, denn was Joan machte, tat sie nicht bewußt. Aber ich hatte häufig Alpträume und dachte sehr viel über diesen Aspekt des Films nach. Doch auf der anderen Seite kann man als Schauspielerin nur immer in etwas springen, das eine Nummer größer ist, als wir es aus unserem wirklichen Leben kennen. Ich mußte in eine Rolle springen, die die Ausmaße der Medea hatte. Wenn wir aber heute einen Film über Medea sähen, dann würden wir fragen: ›Wie in Gottes Namen hast du es übers Herz gebracht, diese Kinder zu töten?‹ Die Griechen hätten Sie dann angeschaut, als wären Sie verrückt, weil Sie mit Göttern und Rache ganz anders umgehen ... man müßte es demnach unter diesen Vorzeichen betrachten. Sie war so sehr unter Kontrolle, oder wollte zumindest so sehr unter ihrer Kontrolle sein, daß es einfach Zeiten geben mußte, in denen ihr Innenleben rebellierte und sagte: ›Ich möchte nicht mehr unter Kontrolle sein.‹ In meinen Augen war genau das der tragische Fehler; daß sie so sehr das Bedürfnis hatte, alles unter Kontrolle zu haben, aber kein menschliches Wesen die Dinge in einem solchen Maß unter seine Kontrolle bringen kann.«

Die erwachsene Christina wird mit ruhiger Würde und sehr ausdifferenziert von der Schauspielerin Diana Scarwind verkörpert. Sie lernte Christina erst kennen, nachdem die Dreharbeiten abgeschlossen waren. Dem *Rolling Stone* erzählte sie: »Sie ist ein sehr liebenswürdiger Mensch. Ich habe sie seitdem einige Male gesehen. Auch wenn ich nicht wußte, wie sie wollte, daß ich sie spiele – ich glaube, sie hat meinem Urteilsvermögen vertraut. Auch wenn ich sie vorher schon gekannt hätte, hätte ich sie kaum anders porträtiert. Ich traue meinen eigenen Gefühlen. Mir ist völlig klar, daß jede Interpretation eines lebenden Menschen ungenau sein muß, das liegt in der Natur der Dinge.«

Mommie Dearest ist ein ziemlich unglaubwürdiger Film. An einigen Stellen erinnert der Film stark an die typischen Crawford-Vehikel, an anderen schwingt er sich zu den Höhen der griechischen Tragödie auf, aber immer ruft er Erinnerungen an die grausamsten Märchen wach, in denen die Beweggründe der bösen Hexe vor unseren Augen dargelegt werden. Die Zugeständnisse, die man bei dem Versuch, 40 Jahre eines Lebens zusammenzufassen, machen mußte, sind offensichtlich. Vieles wurde herausgelassen: zwei der vier Adoptivkinder tauchen in dem Film gar nicht auf, und Christopher wird beinahe auf den Status einer Randfigur reduziert. Die Darstellung der Mutter-Kind-Beziehung drückt alles andere an die Wand.

Die Eingangssequenzen gehören zu den effektvollsten Szenen des Films. Es ist vier Uhr früh, eine Frau steht auf und beginnt mit der routinemäßigen Vorbereitung ihrer täglichen Arbeit. In ihrem Badezimmer bürstet und schrubbt sie fieberhaft ihre Arme und ihr Gesicht mit einer hartborstigen Bürste. Ihre Haut setzt sie den absoluten Extremen von kochendheißem und geeistem Wasser aus. Später bringt eine elegante schwarze Limousine sie von ihrem Haus zu den MGM-Studios. Während sie im Fond ihres Wagens sitzt, geht sie ein Drehbuch durch und signiert Hochglanzfotografien von sich. Im Studio wirft sie sich in das Kostüm ihrer neuesten Rolle in den *Ice Follies* aus dem Jahr 1939. Ein Assistent klopft an die Tür ihres Wohnwagens und sagt: »Wir sind bereit für Sie, Miss Crawford.« Die Frau dreht sich um und blickt nun zum ersten Mal in die Kamera. Mit rauchiger Stimme antwortet sie: »Gehn wir!« Jedes Publikum, das etwas auf sich hält, sollte diesen Augenblick mit einem hörbaren Schnalzer des Erstaunens begrüßen, da die unglaubliche Verwandlung der Faye Dunaway in Joan Crawford hier zum ersten Mal offenbart wird.

Anhand dieser völlig wortlos ablaufenden Sequenzen wird auf sehr ökonomische Weise ein großer Teil des Charakters der Joan Crawford beschrieben – ihr Sauberkeitsfimmel, die extreme Selbstdisziplin und die rücksichtslose Hingabe an ihren Beruf.

Den ganzen Film hindurch wird immer wieder deutlich gemacht, daß Joan ihrer Karriere die Priorität einräumt, und

›Meine liebe Rabenmutter‹

die Wechselfälle in diesem Bereich ihres Lebens beeinflussen
ihre Beziehung zu Christina. »Weißt Du, was mir in meinem
Leben fehlt?«, fragt sie ihren Liebhaber (Steve Forrest).
»Vielleicht ein Filmhit?«, ist dessen beißende Antwort. Aus
dem folgenden Wortwechsel geht hervor, welch eine Bela-
stung ihre Publizitätshungrigkeit, die nur ihrer Karriere dienen soll, darstellt. Dennoch stellt sich ihr Kinderwunsch als
sehr aufrichtig heraus, als der Zuschauer erfährt, daß sie bereits sieben Fehlgeburten erlitten hat. Zwei hatte Joan Crawford, während sie mit Douglas Fairbanks jr. verheiratet war
und weitere fünf in ihrer Ehe mit Franchot Tone.
Ein Adoptionsbüro stuft Joan als ungeeignet für die Mutter-
rolle ein, weil sie geschieden, derzeit alleinstehend und außerdem zu beschäftigt sei. Nur dank der guten Beziehungen

193

Steve Forrests bekommt sie Christina. »Du wirst ein wunderbares Leben führen«, verspricht sie dem Baby. Später adoptiert sie auch Christopher. Christina hat das Pech, in Joans Leben zu treten, als man ihr gerade das Etikett »Kassengift« aufgeklebt hatte.

Die Tragödie in der Beziehung zwischen Joan und Christina besteht darin, daß das kleine Mädchen mit den wunderschönen blonden Locken nie den Perfektion fordernden Standards ihrer Mutter genügen kann. Das Mädchen wird ein Ebenbild ihrer Mutter, ebenso stur und willenstark. Sie teilt nicht nur das Rampenlicht mit ihr, sie tritt auch in Konkurrenz zu ihr.

Joan kämpft sich wieder nach oben und erhält für ihre Rolle als Mildred Pierce, die voller Selbstaufopferung alles für ihre Tochter tut, die sie aber wegen ihrer Vergangenheit verachtet, einen Oscar.

Die Rivalität zwischen Mutter und Tochter verschwindet nie, doch als Christina selbst eine Karriere als Schauspielerin startet, wird sie etwas ausgeglichener. Als Joan stirbt, empfindet Christina dies als Verlust. Sie hatte immer versucht, diese Frau, die ihr Leben mit ihrer beängstigenden und unnachgiebigen Allmacht so sehr dominiert hatte, zu lieben. Doch selbst nach Joans Tod endet ihr Einfluß nicht, noch über das Grab hinaus ist er spürbar. Als das Testament eröffnet wird, erfahren Christopher und Christina, daß ihre Mutter ihnen nichts vermacht hat. »Wie üblich hat sie das letzte Wort«, kommentiert Christopher ihr Testament. Christina murmelt, mit dem Gesicht zur Kamera: »Wer weiß?«

In Amerika wurde der Film häufig nicht ernstgenommen. Die Szenen, in der Faye auf das Mädchen einschlägt und kreischt »Keine Drahtkleiderbügel!«, oder als sie aus den Rosenstöcken Kleinholz macht, wurden als komisch empfunden. Joans letzter Film war 1970 in die Kinos gekommen, und eine Untersuchung hatte ergeben, daß ihr Name 1981 der jungen Generation nicht mehr viel sagte. Deshalb schlachtete Paramount für seine Werbekampagne die spektakulären Szenen aus, allen voran die Kleiderbügelszene. Er wurde dem Publikum als Komödienhit des Jahres verkauft. An einem einzigen Wochenende spielte der Film allein in Amerika fünf Millionen Dollar ein.

Faye stieß sich an der Werbestrategie der Paramount: »In meinen Augen waren sie viel zu sehr darauf fixiert, aus der Ausschlachtung des Buchs und der Frau Geld zu machen. Was die Leute anzieht, ist doch immer eine menschliche Geschichte, die aus Elementen wie Amüsement, Spaß, Energie, Entschlossenheit, Leidenschaft und Schmerz besteht, eben all dem, was wir aus unserem Leben auch kennen. Das zieht die Leute an; ein gut gemachter Film, der all diese Elemente enthält. Was Paramount da machte, war nicht in Ordnung.« Man fragte zwei Leute, was sie von dem Film und Fayes Darbietung hielten – Christina Crawford und den Regisseur Frank Perry. Christina war es eine Zeitlang nicht gut gegangen, so daß sie den Film erst später sah. Ihr Kommentar: »Das hat meine Mutter nicht verdient. Miss Dunaways Vorstellung war lächerlich. Ich habe keinen Anlaß gesehen, sie über die Fakten aufzuklären. Jetzt, wo ich den Film gesehen habe, tut mir das leid. Faye sagt, daß der Geist meiner Mutter sie verfolgt. Jetzt verstehe ich, weshalb.« Unter den gegebenen Umständen wirkt dieser Kommentar etwas befremdlich. Es ist keine Überraschung, daß Perry anderer Meinung war. »Ich bin ganz ehrlich stolz darauf. Vielleicht ist das das Beste, was ich je gemacht habe. Ich fand, daß der Film viel günstiger für Joan ausfiel als das Buch. Und in meinen Augen hat Faye eine großartige Leistung geboten. Ich bin stolz auf Fayes Mut. Sie war monomanisch, sie war besessen von Joan, und ich bedaure, daß sie für ihre Kühnheit nicht mit einem Oscar belohnt worden ist. In fast allen Filmen, die ich bisher gemacht hatte, gibt es einige Dinge, die ich heute völlig anders machen würde, aber an diesem hier würde ich nichts mehr ändern.«

Zurück zu den Ursprüngen

Die Verkörperung der Joan Crawford hatte Faye physisch und emotional so viel Kraft gekostet, daß sie sich hinterher völlig ausgelaugt fühlte. »Das war die schwierigste Rolle meines Lebens, und ich brauchte zwei Monate, bis ich mich wieder erholt hatte«, erzählte sie. »Das Spielen wird auch dann nicht leichter, wenn man erfahrener wird. In Wirklichkeit muß man diesem Beruf in emotionaler Hinsicht einen hohen Tribut zollen. Zwar deformiert man sich dabei nicht wirklich, aber es ist doch ein Akt der Selbstreinigung, der teils anstrengend und teils beglückend ist.«

Wie sehr ihr *Mommie Dearest* am Herzen lag und wie sehr ihr auch daran gelegen war, Joan ins rechte Licht zu rücken, zeigt die bisher nie dagewesene Zahl an Interviews, die sie in der Folge dieses Films gewährte. Sie wurde häufig gebeten, doch ihren Starstatus mit dem von Joan Crawford zu vergleichen. »Damals bestand man darauf, daß Stars sich Images zulegten und diese perfekt verkörperten. Heutzutage ist das einfacher. Man ist doch weitgehend sein eigener Herr. Natürlich ist es immer noch ein Spiel, aber es ist ein anderes, das mir viel lieber ist«, antwortete sie. »Das Große an der Crawford war ihre grandiose Disziplin, was ihre Tochter nie verstehen konnte. Das Problem war, daß sie in erster Linie ein Star sein mußte und erst in zweiter Linie Frau sein konnte. Bei mir ist das nicht so. Genaugenommen habe ich mir nie viele Gedanken über mein Image gemacht, mein Motto war immer: ›Mach nichts, wenn es dir nichts bringt.‹ Die Crawford spielte die Crawford, und das machte sie großartig. Aber meine Sache ist es, Gott sei Dank, Menschen zu spielen.«

In den Monaten nach *Mommie Dearest* machte sie sich daran, ihre Zukunft zu planen. Sie war nun 40, mit Terry O'Neill glücklich verbunden, eine vernarrte Mutter und hatte das Gefühl, das zweite Stadium ihrer Karriere erreicht zu haben. »Ich möchte es ein wenig ruhiger angehen und weniger, dafür aber bedeutendere Filme machen. Das ist einer der Vorteile, die man hat, wenn man die Mitte seines Lebens erreicht hat und in seinem Beruf fest etabliert ist. Als Frau oder Schauspielerin muß ich nichts mehr unter Beweis stellen, obwohl ich mehr erreichen möchte«, sagte sie.

Als Schauspielerin hatte sie schon immer eine gesunde Mißachtung der ungeschriebenen Gesetze des Ruhms gezeigt. Wenn eine Rolle sie interessiert, dann nimmt sie sie an, ob das nun für das Theater oder den kleinen Bildschirm oder die große Leinwand gilt. Die Einstellung, daß ein Fernsehauftritt die Bedeutung eines Filmschauspielers herunterdrückt, hat ihre Entschlüsse nie groß beeinflußt. Sie ist im Gegenteil sogar der Meinung, daß die Vielfalt der Medien auch die berufliche Vielfalt eines Schauspielers verbessern kann. Deshalb beteiligte sie sich auch Ende 1981 zum ersten Mal an einer Produktion des Kabelfernsehens, in der sie an der Seite Dick van Dykes und Ken Howards in Clifford Odets' *Country Girl* zu sehen war.

Sie hatte auch keine Scheu davor, in Werbespots aufzutreten und reiste für eine Serie gutbezahlter Spots, in denen sie als Shinto-Göttin zu bewundern ist, für eine Kosmetikfirma nach Japan.

Sie wollte zur Bühne zurückkehren und äußerte den Wunsch, sich abwechselnd in Amerika und Großbritannien aufzuhalten. Einem englischen Journalisten erklärte sie: »Wir haben die Energie, ihr habt die Erfahrung. Ich glaube, eine Kombination dieser beiden Gaben wäre unschlagbar. Es klingt vielleicht ein wenig unverfroren, aber ich würde gerne an einer englischen Bühne spielen und in einem britischen Film mitmachen. Broadway? Was für ein lächerliches System. Die bringen nichts Neues auf die Beine. Wir bringen keine amerikanischen Talente hervor. Wir nutzen nicht einmal die Talente, die wir haben. Schauen Sie sich zum Beispiel Marlon Brando an. Er könnte den Lear spielen, aber er tut es nicht und wird es nie tun. Ich verabscheue diese Verschwendung.«

Ihre Pläne für die Zukunft enthielten ein neues Stück von William Alfred, dem Autor von *Hogan's Goat*. Es trug den Titel *Nothing Doing* und war die Dramatisierung des Lebens der amerikanischen Schauspielerin Jeanne Eagles, die 1929 mit einer tödlichen Mischung aus Rum und Äther Selbstmord beging. Das Stück, in dem die Hauptdarstellerin den Namen Zuleika Caswell trägt, nützt die dramatische Freiheit und zeigt unter Umkehrung der Tatsachen, wie man dieser Frau aus ihren Depressionen heraushilft und sie überlebt. Man plante, das Stück 1982 am Broadway herauszubringen, um es möglicherweise später im Londoner Westend zu übernehmen. Doch bis heute sieht es so aus, als sei noch nichts geschehen, um diesen Plan zu verwirklichen. Faye war damals sowohl von Alfred, »unserem größten lebenden Dramatiker«, als auch von *Nothing Doing* sehr begeistert. »In dem Stück gibt es eine wunderbare Stelle, an der sie sich über das Schauspielen ausläßt, und was es bedeutet, und das ist fast eine Arie. Auf einer anderen Ebene handelt das Stück davon, wie Amerika sich aus der Depression herausarbeitet und auf den Weltkrieg zusteuert.«

Sie äußerte nie den Wunsch, Regie zu führen. »Ich habe nicht das Bedürfnis danach. Ich glaube, meine Begabung liegt rein im darstellerischen Bereich. Es gibt eine Menge Leute, die im visuellen Bereich weitaus talentierter sind. Unser Medium ist eines, das von der Zusammenarbeit lebt. Heute arbeiten Schauspieler, Regisseur und Drehbuchautor sehr eng zusammen, und jeder hat sein spezifisches Talent. Ich könnte nie ein Drehbuch schreiben, aber es ist möglich, daß ich Ideen und Vorschläge habe, die sehr hilfreich sein können. Es müssen schon eine Menge Fähigkeiten und Begabungen und Egos und Empfindsamkeiten zusammenkommen, wenn man einen Film machen will, und deshalb ist es ja auch ein Wunder, wenn etwas klappt.«

Sie entschied, daß sie in erster Linie als Schauspielerin gut sei und kündigte daher eine Produktionsgemeinschaft mit Terry O'Neill an. Die beiden hatten eine Menge Pläne, von denen vielleicht noch der eine oder andere umgesetzt werden wird. Sie wurde gefragt, ob sie an einem Remake von *Mildred Pierce* (Solange ein Herz schlägt) interessiert sei, außerdem bot man ihr an, die Maria Callas zu spielen. Doch aus diesen Projekten wurde nichts.

Sie gab zu, auf der Suche nach geeignetem Material fünf

Drehbücher pro Woche zu lesen. »Vor nicht allzu langer Zeit habe ich ein Drehbuch erhalten, in dem alles zu finden war, was in den letzten Jahren fünf Filme zu großen Hits gemacht hat, einer von ihnen war *The Godfather*. Es war zwar nicht übermäßig schlecht, aber es fehlte ihm jede Originalität. Also machen Terry und ich unsere eigenen Pläne.«

Ihr Wunsch, in Komödien mitzuspielen, war zum Teil ein Ausfluß ihres Glücks, das ihr ihre Beziehung zu O'Neill und ihr Sohn Liam gaben. »Ich hielt mich immer zurück, war sehr schüchtern und sehr ernst«, erzählt sie. »Jetzt bin ich viel unbefangener, als ich es früher war. Ich kann jetzt viel öfter lachen. Und als Frau fühle ich mich jetzt viel zufriedener. Wenn es einen Menschen gibt, der für diese enorme Veränderung meines Lebens verantwortlich ist, dann ist das Terry. Terry macht einen Witz über etwas, was mir immer sehr ernst war. Dann stelle ich fest, daß er recht hat. Das ist einfach großartig. Ich habe es nie gelernt, mein Leben zu genießen. Er hat meine Einstellung zum Leben völlig verändert.«

Faye und Terry O'Neill haben sich sehr viel Zeit gelassen, ehe sie ihre Verbindung durch die Ehe besiegelten. Sie wollten den richtigen Zeitpunkt abwarten und das Gefühl haben, daß sie unerschütterlich zueinander gehörten. Anfang 1983 wurde bekanntgegeben, daß das Paar heimlich geheiratet habe. »Es stimmt, wir haben's gepackt. Aber wir sagen nicht, wann oder wo«, erklärte Faye.

Endlich hatte Faye den Neurosen des einsamen Mädchens aus dem Süden ade gesagt und das perfekte Gleichgewicht zwischen ihrem beruflichen Engagement und ihren persönlichen Bedürfnissen gefunden. »Meine Zwanziger waren nicht besonders schön«, erläuterte Faye. »Die Dreißiger waren eine Phase des Übergangs. Und jetzt habe ich die ernste Absicht, meine Vierziger in vollen Zügen zu genießen. Mit Terry hat es endlich geklappt, Gott sei Dank, und ich werde sicher bis zum Ende meines Lebens mit ihm zusammenbleiben.«

Supergirl in den Vierzigern

Faye war in ihrem Privatleben nun glücklicher als je zuvor und wollte, daß dieses Hochgefühl sich in ihrer Arbeit niederschlug. Sie suchte etwas Leichtes und Spielerisches als Gegenkraft zur harten Arbeit, die *Mommie Dearest* für sie bedeutet hatte. In diesem Moment war es eine glückliche Fügung, daß Michael Winner zur selben Zeit eine Hauptdarstellerin für seinen Historienfilm *The Wicked Lady* suchte.

Winner war in kommerzieller Hinsicht einer der erfolgreichsten Regisseure der 60er und 70er Jahre, obwohl er nie zu den Lieblingskindern der Filmkritiker oder der britischen Filmzensurstelle gehört hatte. In letzter Zeit wurde sein Name in erster Linie in Verbindung mit gewalttätigen Actionfilmen und mit Charles Bronson genannt. Einer seiner besten Filme jedoch war die Komödie *The Jokers* (Minirock und Kronjuwelen, 1967), in der zwei Mitglieder der müßiggehenden Adelskaste versuchen, die Kronjuwelen zu stehlen. *The Wicked Lady* sollte eine Art Rückkehr zu jenem Stil des Filmemachens werden.

In der Originalfassung der *Wicked Lady* hatte Margaret Lockwood die Hauptfigur Lady Skelton verkörpert, die auf der Suche nach Nervenkitzel aus reiner Abenteuerlust zur Straßenräuberin wird und in einer Sündenorgie mordet und plündert, bevor sie die unvermeidliche Strafe für ihr unmoralisches Leben ereilt. Im Nachkriegsengland war dieser Film unglaublich beliebt, und in Amerika schockte er die Kinobesucher wegen des mächtig tief angesetzten Dekolletés der Damen. Winner hatte diesen Film als Junge sehr gemocht, und für seine Version verließ er sich darauf, daß es nur noch sehr wenig gebe, das die Zuschauer der Achtziger schocken könnte.

Winner traf in New York mit Terry O'Neill zusammen, der ihm erklärte, daß Faye für englische Produktionen sehr aufgeschlossen sei. »Ich hatte die *Wicked Lady* irgendwie vergessen«, erklärte Winner später. »Ich habe sie beiseite ge-

Faye als ›Wicked Lady‹

legt, weil wir gerade ein sehr schlechtes Drehbuch für diesen Stoff von Edna O'Brien bekommen hatten, weswegen ich den Gedanken vorübergehend ad acta gelegt habe. Zu Terry sagte ich: ›Ach ja, ich habe da ein wunderbares Drehbuch, ich werde es Faye schicken‹, dabei hatten wir gar kein Drehbuch. Dann machte ich mich daran, das Drehbuch von Edna

O'Brien noch einmal durchzugehen, und natürlich war es immer noch grauenvoll. Also schrieb ich selbst eines und schickte es Faye vier oder fünf Wochen später, dazu eine lange und breite Entschuldigung, weil ich vergessen hätte, es ihr zu schicken. Ihr hat das Drehbuch sofort gefallen, und wir haben uns ziemlich schnell an die Verfilmung gemacht.«

»Ich fand, daß es an der Zeit sei, endlich einen Film zu machen, der nichts anderes als eine ausgelassene Balgerei ist«, meinte Faye und sagte ihre Teilnahme zu. »Es ist ein wunderbarer Stoff, und es gibt zur Zeit nicht allzu viele gute Geschichten.«

Da Faye sich an dem Projekt interessiert zeigte, konnte Winner nun die Cannon-Gruppe um die Finanzierung angehen, und diese erklärte sich bereit, den Film bis zur Höchstgrenze von 12 Millionen Dollar zu finanzieren. Winner komplettierte seine Besetzungsliste mit einer Reihe britischer Top-Schauspieler, darunter Alan Bates, John Gielgud und Denholm Elliott. Danach suchte man nach den geeigneten Drehorten, und im Juli 1982 begann man zu filmen. Sowohl Faye als auch ihr Regisseur hatten gehört, daß mit dem jeweils anderen schwer zu arbeiten sei. Letztlich entsprach allerdings nichts weniger der Wahrheit als das. Denn nichts, was man über die Dreharbeiten von *The Wicked Lady* hörte, ließ auf Spannungen oder Streitereien schließen, vielmehr darauf, daß es Faye Spaß machte, einen Film zu machen.

Nach den Dreharbeiten erklärte Faye: »Man kennt ihn wegen solcher Spektakel wie *Death Wish* (Ein Mann sieht rot). Aber er hat einen erlesenen Geschmack. Terry erzählte mir: ›Er hat wunderschöne Gemälde und ein großartiges Haus. So ein Mann kann einen Historienfilm machen.‹ Und die Produktion ist wunderbar, sie ist eine Lustbarkeit. Ich glaube, daß sie die Meinung, die die Leute über ihn haben, ändern wird. Er ist ein sehr angenehmer Mensch mit viel Sinn für Humor. Ich verstehe, daß er in dem Ruf stand, sehr unauskömmlich zu sein, aber ich glaube, er hat sich geändert, wenn das jemals zugetroffen hat.«

Winner machte seinem Star ähnliche Komplimente: »Faye ist einer der anständigsten, freundlichsten und bezauberndsten

Menschen. Über sie, wie über viele andere auch, hört man oft: ›O je, mit der wird es Schwierigkeiten geben.‹ Das habe ich über Brando genauso gehört wie über Bronson, Delon und Lancaster. Sie sind immer die nettesten Menschen, sie wollen lediglich, daß ihre Umgebung den hohen Anforde-

›The Wicked Lady‹

rungen genügt, die sie auch an sich selbst stellen. Als wir in Hertfordshire drehten, ist sie ins mieseste Hotel eingezogen, nur weil es am nächsten zum Drehort gelegen war. Ich sagte ihr, daß sie unmöglich dort bleiben könne, aber sie bestand darauf. Die Leute erzählten mir: ›Die kommt immer zu spät.‹ Aber sie kam nicht nur nie zu spät, sondern sie unternahm auch verblüffende Anstrengungen, um das zu vermeiden. Ich kann das nur als Lüge bezeichnen. Sie ist eine sehr, sehr professionelle und entschlossene und hart arbeitende Frau. In dem Moment, wo sie weiß, daß sie demnächst einen Film machen wird, arbeitet sie mit hundertprozentiger Konzentration an ihrer Rolle.«

Verglichen mit *Mommie Dearest* war *The Wicked Lady* sicherlich eine spielerische Angelegenheit, doch die Recherchen und Vorbereitungen für diesen Film waren nicht weniger gewaltig. Zuerst mußte sie Unterricht bei einem geschulten Reiter nehmen. »Ich bin schon früher einige Male auf einem Pferd gesessen und habe versucht, vor einer Unzahl von Kameras so zu tun als ob, aber jetzt bin ich beinahe eine ... vielleicht könnte ich mich jetzt tatsächlich als Reiterin bezeichnen. Ich habe vor Drehbeginn zwei Wochen in New York trainiert, dann bin ich nach England geflogen und dort jeden Tag geritten. Ich hatte ein großartiges Pferd mit dem Namen Fury, der die reine Angabe war.«

Von der Energie und dem Engagement, die Faye in diesem Punkt an den Tag legte, spricht Winner in glühenden Worten: »Sie ist jeden Morgen schon um sechs Uhr rausgegangen, ob es regnete, hagelte oder schneite. Alan Bates sagte: ›Ich glaube nicht, daß ich's packe, es regnet.‹ Aber Faye packte es und ritt zwei oder drei Stunden jeden Morgen, und nachdem sie das drei oder vier Monate durchgehalten hatte, war sie eine grandiose Reiterin. Wir hatten zwei Pferde. Eines sah ein klein wenig besser aus als das andere, außer einem Pferdeexperten hätte das keiner erkannt. Doch dieses Pferd, das ein bißchen schöner war, war ziemlich gefährlich, es war sehr störrisch, sehr nervös und unruhig. Es konnte jederzeit scheuen oder ausschlagen. Sie bestand darauf, dieses Pferd zu reiten, selbst wenn der Boden schlüpfrig war. ›Nein,

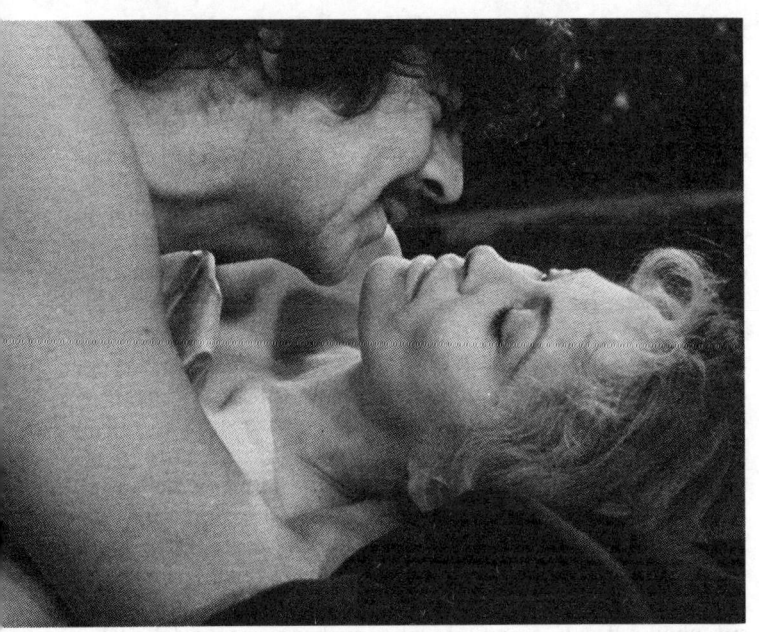

Alan Bates und Faye in ›The Wicked Lady‹

es ist schöner, ich muß das schönere Pferd reiten.‹ Eines Tages, das war Gott sei Dank kurz vor dem Ende der Dreharbeiten, galoppierte sie dahin, und wir warteten alle, doch sie tauchte nicht wieder auf. Aus dem Walkie-Talkie hörten wir eine sehr nervöse Stimme: ›Sie ist runtergefallen.‹ Und natürlich ritt sie im Damensitz mit einem Seidenkleid, was nicht ganz einfach ist, und ihr Sturz war sehr schwer. Es war typisch Faye, daß sie sich aufrappelte und sagte: ›Ich muß es noch einmal machen, ich muß es noch einmal auf demselben Pferd machen‹, woraufhin ich sagte: ›Faye, du reitest nicht mehr mit diesem Pferd, darauf kannst du Gift nehmen. Du nimmst jetzt das ruhigere Pferd, weil wir nur noch drei Tage drehen, und was genug ist, ist genug.‹ Sie hatte böse Quetschungen, wirklich böse Quetschungen. Und bei einer Quetschung kann man nie sagen, wie schlimm sie wirklich ist, oder ob es sich nicht sogar um einen Bruch handelt. Auf keinen Fall wollten wir ihr erlauben, sich noch einmal in eine solche Gefahr zu bringen.«

Nachdem sich Faye dazu entschlossen hatte, *The Wicked Lady* zu machen, war es ihr ein besonderes Vergnügen, darauf zu achten, daß die historischen Kostüme auch wirklich authentisch waren. Sie besuchte Museen und las Bücher über diese Epoche, um die Details zu studieren. »Kleider können eine Menge über die Lebensweise der Menschen aussagen«, meinte sie. »Häufig werden beim Entwurf von historischen Kostümen nur die Taillen in der richtigen Höhe angebracht und vorne ein paar Schleifen hindrapiert und eine Menge Spitze, aber man achtet nicht auf die interessanten Einzelheiten, die zum Beispiel auf Gemälden zu sehen sind.« Die Kostüme für diesen Film wurden bei Berman und Nathan gemacht, die mit als die besten Kostümbildner der Unterhaltungsbranche gelten. Selbst nach deren hohen Standards waren Fayes Anforderungen hoch. Winner meinte dazu: »Was Kleider anbelangt, ist sie absolut wunderbar, sehr genau und vielleicht sogar manchmal für die, die ihren Forderungen entsprechen müssen, eine Qual, aber sie hat recht, und die Kleider waren phantastisch. Berman hat wirklich schwere Zeiten durchgemacht, weil sie immer wieder Änderungen vornahm und verlangte, daß die Vorlagen auf den Millimeter eingehalten wurden. Doch am Schluß waren sie sehr, sehr stolz.«

Die Kleider, die in *The Wicked Lady* zu sehen sind, sind in der Tat phantastisch, und Faye sieht aus wie gemalt, wie ein Ebenbild der typischen Gainsborough-Dame. Es muß eine große Genugtuung gewesen sein, die bewundernden Worte von Vincent Canby in der *New York Times* zu lesen: »Miss Dunaway ... taucht keinen Moment lang auf der Leinwand auf, in dem sie nicht so aussieht, als trüge sie das gesamte Budget des Films am Leibe.«

Einige Szenen des Films erforderten den geübten Umgang mit der Peitsche. Eine Szene zeigte einen Peitschenkampf zwischen Faye und einer eifersüchtigen Rivalin, die sich die Liebe des Straßenräubers Alan Bates sichern möchte. Dieser Kampf wiederum brachte technische Probleme mit sich.

Während man die Szenen drehte, applizierte man auf die Peitschen Papierschnipselchen, denn der echte Klang sollte später imitiert werden. Es war schwierig, den Klang einer Peitsche nachzuahmen, wenn sie auf bekleideten menschlichen Körpern auftrifft. Die Lösung war schließlich der Kauf eines toten Schweins, das man in einem Tonstudio aufhing, in die nötigen Stoffe hüllte, um dann mit der Peitsche auf den Korpus einzuschlagen, während das Tonband lief.

Dieser Film, der eigentlich als eine Art Stärkungsmittel nach *Mommie Dearest* gedacht war, hatte vielerlei mit sich gebracht: Faye hatte das Reiten gelernt, sie hatte gefährliche Stunts überstanden, sie hatte methodische Recherchen

Als Fayes Rivalin ist man nicht ungestraft: ›The Wicked Lady‹

durchgeführt und sich zum womöglich einzigen Star in der Geschichte gemacht, der von einem toten Schwein gedoubelt wurde.

Winner hatte die Schauspielerin Margaret Lockwood eingeladen, bei den Dreharbeiten zuzuschauen, doch hatte diese sein Angebot abgelehnt, ihm aber in einem Brief die besten Wünsche für sein Unternehmen übermittelt.

Mag sein, daß ein Film, der auf der Ebene freundschaftlicher Zusammenarbeit entsteht, die Spannungen, die üblicherweise bei einem kreativen Prozeß entstehen, reduziert, doch garantiert dies noch lange nicht für die gute Qualität des Endresultats. *The Wicked Lady* ist nicht der beste Film, in dem Faye je mitgewirkt hat. Er ist eine unprätentiöse, spritzige Angelegenheit, deren einzige Absicht es ist, ihr Publikum mit überlebensgroßen Charakteren zu unterhalten und das mit einem verschmitzten Humor. Winner füllt jeden Zoll der Leinwand mit Körpern, die am Galgen baumeln, mit ländlichen Lustbarkeiten und hitzigen erotischen Zwischenspielen. Man gewinnt den Eindruck, daß man hinter jedem Scheunentor in jenen Tagen ein Pärchen finden konnte, das sich der fleischlichen Lust hingab. Faye ist so ziemlich die einzige Frau in dem Film, die nicht alles entblößt. Das ist auf eine Klausel in ihrem Vertrag zurückzuführen, in der sie sich grundsätzlich jede Nacktheit verbat.

Faye spielt eine aufreizende Verführerin, die nach immer noch jüngerem Gemüse Ausschau hält und nach allem, was ihr erstrebenswert scheint, mit allen Mitteln grabscht. Im Verlauf des Films stiehlt, tötet und verführt sie, um zu ihren Zielen zu kommen. Die Art, wie sie spielt, macht ihre Auffassung von Komödie deutlich: als großäugige, Ränke schmiedende Schönheit spielt sie jedes Wort und jede Geste mit sichtbarem Gusto aus – eine hochgezogene Augenbraue dort, ein eindeutiger Blick dort – das sind die Manierismen ihrer Technik.

In Großbritannien lobte man *The Wicked Lady* für ihren Witz, und Winner erhielt einige der besten Kritiken der letzten Jahre. In Amerika erging es dem Film weniger gut, und Winner hatte den Eindruck, daß die ihm ansonsten wohlgesonnenen amerikanischen Filmkritiker mit der typisch britischen Ironie nichts anfangen konnten.

Kurz bevor der Film in den Kinos anlief, sah sich Winner im Mittelpunkt einer Auseinandersetzung mit der britischen Zensur. Er hätte aus gutem Grund mit Schwierigkeiten rechnen können, wenn der Film die Geschichte einer modernen Verbrecherin erzählt hätte, nicht aber hier, wo es sich um einen Historienklamauk handelte. Als der Film dem Zensor, James Ferman, zu Gesicht kam, verlangte dieser Schnitte, da er andernfalls den Film erst für ein Publikum über 18 Jahren freigeben würde. Unter den inkriminierten Szenen befand sich ein Peitschenkampf zwischen Faye und der eifersüchtigen Geliebten des Straßenräubers Alan Bates. Im Verlauf dieser Auseinandersetzung verliert die Rivalin einen Teil ihrer Dessous, und einige Peitschenhiebe landen ganz in der Nähe ihres baren Busens. Hier schritt der Zensor ein. »Der Peitschenkampf zwischen den Frauen muß beträchtlich gekürzt werden«, war seine Forderung, »alle Nah- und Halbnahaufnahmen, die Blut oder Striemen auf den oder in der Nähe der nackten Brüste zeigen, müssen entfernt werden, und das Auftreffen des Peitschenriemens auf nackter Haut sollte nicht zu sehen sein. Der Film muß erneut vorgelegt werden.«

Winner war nicht bereit, das Urteil des Zensors hinzunehmen. Dank seines energischen Protests, bei dem er von beinahe der gesamten britischen Filmindustrie unterstützt wurde, passierte der Film in seiner ursprünglichen Form die Zensur, ohne auf eine bestimmte Altersgruppe beschränkt zu werden.

The Wicked Lady kam im Spätfrühjahr 1983 in die englischen Kinos. Dank des aufsehenerregenden Streits mit dem Zensor war für genügend Werbung gesorgt. In den letzten Szenen des Films krümmt sich die tödlich verwundete Faye vor Schmerzen, und es ist anzunehmen, daß sie sterben wird. Ihre Nächsten und Liebsten haben ihre unverbesserliche Schlechtigkeit durchschaut, und der Mann, den sie aufrichtig liebte, verließ sie. Diese Figur ist eine befreite Frau, die in der Art und Weise, wie sie sich nimmt, was sie haben will, wie ein Mann handelt, egal, welche Folgen das haben kann. Die vergleichsweise seltene Möglichkeit, eine Frau zu spielen, die nicht nur ein erotisches Anhängsel des männlichen Hauptdarstellers ist, sondern der Katalysator aller Geschehnisse, muß Faye an dieser Rolle sehr gereizt haben. Dennoch erhebt der Film den moralischen Zeigefinger, und am Schluß muß sie für ihr Handeln mit ihrem Leben bezahlen und allein und unerfüllt sterben. Auf der Leinwand ist der Tod aus gesunden kommerziellen Erwägungen heraus nicht zu sehen, denn man dachte an eine mögliche Fortsetzung: *The Daughter of the Wicked Lady.* »Wissen Sie, man hofft bei jedem Film, den man macht, daß er erfolgreich genug für eine Fortsetzung sein wird«, gesteht Winner ein. »Aber es muß schon ein enorm großer Erfolg werden, ansonsten ist eine Fortsetzung nicht zu rechtfertigen, und so groß war der Erfolg von *The Wicked Lady* nicht. Als sie in ihrem Todeskampf auf der Erde lag, stand ich etwas abseits mit einem Walkie-Talkie auf einer Plattform, und sie fragte mich: ›Soll ich sterben?‹. Ich sagte: ›Nein, stirb lieber nicht, Faye, vielleicht brauchen wir dich noch für eine Fortsetzung.‹ Leider war das nicht der Fall.«

Nachdem Faye in *The Wicked Lady* mit dem für seine Schauspielkünste geadelten John Gielgud zusammen gespielt hatte, bot man ihr die Chance, mit einem weiteren in den Ritterstand erhobenen Schauspieler zusammenzuarbeiten – mit Laurence Olivier. Eine Fernsehstation plante die Verfilmung des *King Lear,* und Faye sollte Lears Tochter Regan darstellen. Zunächst verweigerte die British Equity (Behörde, die darüber wacht, daß britische, mit öffentlichen Geldern geförderte Produktionen auch überwiegend mit britischen Schauspielern besetzt werden. A. d. Ü.) ihre Zustimmung zur Besetzung dieser Rolle mit Faye, weil sie der Ansicht war, daß eine britische Schauspielerin eingesetzt werden sollte. Dann gab sie nach, weil man hoffte, daß Fayes Mitwirkung den Verkauf der Produktion nach Amerika erleichtern würde. Doch letztendlich verhinderte ihr Engagement in *The Wicked Lady* die Annahme dieses Angebots, und sie mußte die Rolle widerwillig Diana Rigg überlassen.

Faye und Helen Slater in ›Supergirl‹

Nach *Mommie Dearest* und *The Wicked Lady* war Faye als
weiblicher Schurke sehr gefragt, und sie erhielt das Angebot,
in dem James-Bond-Streifen *Octopussy* (James Bond 007 –
Octopussy) an der Seite Roger Moores den Racheengel zu
spielen. Die nächste Rolle, die sie für die angebliche Gage
zwischen drei und vier Millionen Dollar annahm, zeigte sie
als Jahrmarktszauberin in *Supergirl* (Supergirl).
Knapp ein Jahrzehnt zuvor war der Katastrophenfilm der

Faye als Selena in ›Supergirl‹

König der Kinokassen gewesen. Der Erfolg von *Star Wars* (Krieg der Sterne, 1977) und *Close Encounters of the Third Kind* (Unheimliche Begegnung der dritten Art, 1977) hatten dem Science-fiction-Film eine unglaubliche Popularität beschert, und der Appetit des Publikums nach verschwenderischen Spezialeffekten und Superhelden hielt ungebrochen an. Die Salkinds, die auch die *Musketeers* produziert hatten, betraten 1978 diese Arena mit ihrer monumentalen Leinwandversion von *Superman*. Die drei Folgen der Superman-Filme, in denen Christopher Reeve die Hauptrolle gespielt hatte, hatten weltweit die gigantische Summe von annähernd 700 Millionen Dollar eingespielt. Als Reeve das Gefühl hatte, daß aus dieser Rolle alles herausgeholt sei, war es nur ein logischer Schritt, sich der weiblichen Linie dieses Comic strips zuzuwenden und Supermans Cousine aus Chicago einzuführen. Aus Fayes Perspektive sah dieser Film nach einem weiteren großen Vergnügen aus.

Die Sage von Supergirl folgt dem Muster von Superman. Supergirl existiert in zwei Gestalten. Einmal als Kara, die aus dem Weltraum kommt, und zum anderen als Linda Lee, deren irdische Gestalt Kara annimmt, um dennoch jederzeit bereit zu sein, im Kampf für Gerechtigkeit, Wahrheit und zur Siche-

Faye in ›Supergirl‹

rung ihres Erdendaseins wieder ihr blau-rotes Dreß anzuziehen. Genau wie im Falle Christopher Reeves suchte man intensiv, um für die Hauptrolle eine junge, unbekannte Schauspielerin zu finden. Schließlich entschied man sich für die 19jährige Helen Slater, die erst kurz vorher eine Ausbildung an einer Schauspielschule in Manhattan absolviert hatte.

Während sich die junge Helen Slater für ihre Rolle in Form brachte, arbeitete Regisseur Jeannot Szwarc sein Konzept für den Film aus. Szwarc meinte dazu: »Abgesehen von Barbarella und Maria Montez gibt es in der Filmgeschichte keine wirklich weibliche Mythologie. Für mich war Supergirls Verletzbarkeit der Schlüssel. Wenn Superman durch und durch

›Supergirl‹

›Supergirl‹

aus Kraft und Härte besteht, dann sollten bei Supergirl noch Stil und Eleganz hinzukommen. Die Vorstellung, daß ein 17jähriges Mädchen mit seinem eigenen Wertekatalog auf der Erde ankommt und alles noch einmal neu lernen muß, hat mich gefangengenommen. Niemand sonst ist so wie sie. Sie ist anmutig, feminin *und* hat Superkräfte.«

Genauso wie die *Superman*-Filme sollte auch *Supergirl* mit einem Staraufgebot besetzt werden. Die junge Unbekannte sollte mit einer ganzen Galaxie von Könnern umgeben werden. Da der Star des Films eine Frau war, entschied man, daß auch die Schurken von Frauen verkörpert werden sollten. In *Supergirl* geht alles Böse von der Jahrmarkts-Wahrsagerin

Selena aus. Man bot diese Rolle Dolly Parton an, doch die lehnte sie unter mysteriösen Umständen ab, nachdem sie telefonische Morddrohungen erhalten hatte. Daraufhin trat man an Faye heran, und diese akzeptierte gerne. Brenda Vaccaro wurde für den Part ihrer Komplizin engagiert, außerdem verpflichtete man Peter O'Toole, Mia Farrow, Peter Cook und Simon Ward.

Die Dreharbeiten begannen im April 1983 und wurden im August desselben Jahres abgeschlossen. Schätzungen zufolge soll der Film auf 35 Millionen Dollar Entstehungskosten gekommen sein.

Unglücklicherweise unterstreicht *Supergirl* in erster Linie, wie gut die *Superman*-Filme mit Christopher Reeve waren. Während die Figuren in den *Superman*-Filmen auf interessante Weise kontrastieren, sind sie in *Supergirl* einfach klischeehaft. Außerdem fehlt *Supergirl* der Sinn für Größe und Ehrfurcht erweckendes Staunen, das aus *Superman* mehr machte, als nur eine weitere Produktion für die Kleinen. Die Struktur der Handlung weist einen fatalen Fehler auf. Während sie sich zunächst auf den Versuch des Mädchens konzentriert, die Machtquelle ihres Planeten zurückzuerobern, degeneriert sie sehr bald zu einer höchst trivialen Geschichte. Madame Selena benutzt die Macht des Omegahedron, um einen schwachsinnigen jungen Gärtner zu behexen, der sich versehentlich Hals über Kopf in Supergirl verliebt. In *Superman* rettet der Held die Welt vor der Zerstörung und macht den Größenwahnsinnigen den Garaus, doch in *Supergirl* gilt der Kampf zweier Frauen letztendlich einem der Liebe verfallenen Mann. Durch diesen Handlungsstrang wird der Film auf eine Geschichte über einen Teenager reduziert und Teenager werden zur Zielgruppe des Films.

Faye machte die Arbeit an diesem Film großen Spaß. Sie meinte: »Die Schurken sind die interessantesten Figuren in solchen Filmen, sie sind hemmungslos machtbesessen, und sie finden das auch noch toll!« Auf paradoxe Weise steht Fayes Arbeit in *Supergirl* sowohl für die besten als auch für die schlechtesten Aspekte in diesem Film. Die schlechtesten, weil sie mit ihrer gekonnten Schurkenhaftigkeit dem Star die

Schau stiehlt und ihn in den Schatten stellt. Der Film könnte eher eine Fernsehepisode von *Batman* sein als ein großer Leinwandfilm. Die besten Aspekte, weil sie so stilvoll und mit soviel Verve spielt, daß ihre Freude an der Arbeit uneingeschränkt auf das Publikum überspringt.

›Supergirl‹

Brenda Vaccaro und Faye in ›Supergirl‹

Supergirl kam im Sommer 1984 in die britischen Kinos, kurz vor Weihnachten desselben Jahres in den USA. Die Kritiken fielen erbärmlich aus, nur Faye Dunaway kam einigermaßen gut davon. Das anfänglich große Publikumsinteresse ließ schon nach den ersten Tagen deutlich nach. Insgesamt hoffte man, durch Kino, Video und Fernsehen am Schluß einen kleinen Gewinn verbuchen zu können. Nach diesem Einspielergebnis scheint es nicht sehr wahrscheinlich, daß es ein *Supergirl II* geben wird.

Der Appetit läßt nach

Faye Dunaway ist und wird immer ein Star sein, auch wenn sich seit einiger Zeit der Eindruck verdichtet, daß sie die Einschränkungen ihres Images als Grande Dame der Leinwand überschreitet, um sich mehr als »Gelegenheits«-Schauspielerin mit großem Können zu profilieren. Eine entspanntere Einstellung zu ihrem Leben und ihrer Karriere haben sie zu einer Frau gemacht, die der Herausforderung des Schauspielens, egal in welchem Medium, nun offener gegenübersteht. Es ist ihr auch nicht mehr so wichtig, in welchem Land sie arbeitet, oder wie groß die Rolle ist, die sie spielt.

Anfang 1984 nahm sie eine Cameo-Rolle in der britischen Verfilmung des Agatha-Christie-Krimis *Ordeal by Innocence* an. Agatha Christie gilt nach Shakespeare und der Bibel als dritterfolgreichste Autorin der Welt. In den letzten Jahren hat es eine wahre Flut von Leinwand-Adaptionen der Christie-Romane gegeben, obwohl die Erben immer noch zahlreiche Angebote für die Rechte an ihren Arbeiten ablehnen. Die Wahl der Produzentin Jenny Craven fiel aus folgenden Gründen auf *Ordeal by Innocence:* »Die Figuren in diesem Buch sind wesentlich jünger und handfester als in vielen anderen ihrer Romane. Das ermöglicht es uns, einen Film mit Figuren zu machen, mit denen das Kinopublikum von heute etwas anfangen kann. Wir präsentieren zum Beispiel keine stereotypen alten englischen Colonels, sondern Leute mit klar ersehbaren Beweggründen, denen zuzusehen interessant ist.«

Ordeal by Innocence war eines der Lieblingswerke der Autorin, doch Jenny Cravens ehrenhafte Absichten und ihre Aufrichtigkeit veranlaßten die Christie-Erben dazu, ihr die Rechte zu überlassen. Regisseur Desmond Davis meinte: »Ihr (Christies) Name scheint so etwas wie eine magische Qualität zu haben. Selbst Leute, und es gibt nur wenige, die nicht einen einzigen ihrer 77 Romane gelesen haben, haben ihren Namen mit Sicherheit schon einmal gehört. Ich glaube,

Faye als Rachel Argyle in ›Ordeal by Innocence‹

daß eine Verfilmung eines ihrer Bücher immer ihre Zuschauer finden wird, vor allem dann, wenn sie geschmackvoll ist.« Einige der letzten Christie-Verfilmungen sind vor lauter Opulenz etwas aus den Nähten geplatzt, doch *Ordeal by Innocence* versuchte, durch die Authentizität des Christie-Terrains zu überzeugen. Der Film sollte sich nicht von der Zeit oder den Schauplätzen der Originalvorlage lösen. Der Drehbuchautor Alexander Stuart sah sich die Schauplätze in Devon sehr genau an, und der Film wurde ausnahmslos in der

Umgebung der Küstenstadt Dartmouth gedreht. Stuart war folgender Ansicht: »Filme sollten die Lokalitäten als eine Art Zusatzcharakter nutzen, deshalb war es für uns immer sehr wichtig, daß der Film in Devon spielt, wo Agatha Christie ihre Romane schrieb. Wir wollten die Bedeutung des Schauplatzes hervorheben, um schon damit einen Teil der Spannung zu erzeugen. Ich hoffe, daß es mir gelungen ist, aus der Bedeutung der Landschaft mindestens genausoviel Spannung herauszuholen, wie aus den Windungen und Wendungen der Handlung.« Einige Szenen wurden in der Nähe des Greenaway-Hauses abgedreht, in dem Agatha Christie jedes Frühjahr und jeden Sommer verbrachte, und das nun von ihrer Tochter Rosalind Hicks bewohnt wird. Zu seiner Adaption des Romans erklärt Stuart weiter: »Die 50er sind im Ki-

Diana Quick und Faye in ›Ordeal by Innocence‹

no nicht besonders beachtet worden, und trotzdem waren sie eine faszinierende Zeit. Es schien mir wichtig zu sein, daß Agatha Christie in diesem Buch etwas Neues ausprobierte. Sie hat Figuren entworfen, die bis dahin noch nie in einem ihrer Romane auftauchten, und sie wollte zum ersten Mal mit den 50ern in Berührung kommen.«

Die Hauptrolle in diesem Film ging an Donald Sutherland, der selbst ein Fan des Whodunnit-Genres ist. »Raymond Chandler, Dashiell Hammett, Ngaio Marsh, ich finde sie alle toll«, sagte er. »Aber ich hatte seit langer Zeit keinen Roman von Agatha Christie mehr gelesen, bis ich eines Tages im Haus eines Freundes in Frankreich fest saß und nichts anderes zu lesen fand als zwei Agatha Christies. Also las ich eines und konnte es nicht mehr weglegen. Ich las das zweite und ging danach schnurstracks zu dem Laden im Ort, wo ich weitere zehn oder zwölf ihrer Bücher fand. Ich habe sie alle gekauft und trug von da an eine ganze Zeitlang immer eines von ihnen bei mir in der Tasche.« Ein weiterer Grund dafür, die Rolle zu übernehmen, war Sutherlands alte Freundschaft mit Jenny Craven, die glaubte: »Bei jeder Detektivrolle besteht immer die Gefahr, daß die Figur zu einer bloßen Ziffer verkommt, weil sie ständig nur beobachtet, was andere tun. Der Detektiv wird dabei zum Katalysator. Also mußte der Calgary von einem Schauspieler verkörpert werden, der viel Kraft und eine enorme Leinwandpräsenz aufweist, um das zu vermeiden. Ich wußte von Anfang an, daß das Donald sein mußte.« Desmond Davis teilte Jenny Cravens Begeisterung für ihren Hauptdarsteller und erklärte: »Er ist eine großartige Besetzung. Donald kann Einzelgänger und Männer, die verloren, einsam und zurückgezogen sind, sagenhaft spielen. Er ist auch einer der wenigen Schauspieler, von dessen Intelligenz man auf der Stelle überzeugt ist. Als der Paläontologe Dr. Arthur Calgary ist er absolut überzeugend.«

In dem Film kommt Calgary zum Haus der Argyles in der Grafschaft Devon, um Jacko Argyle sein Adreßbuch zurückzugeben, in dessen Besitz Calgary vor zwei Jahren bei seiner Abreise zu einer Expedition in die Arktis gelangt war. Er weiß darüber Bescheid, daß man Jacko wegen des Mordes an

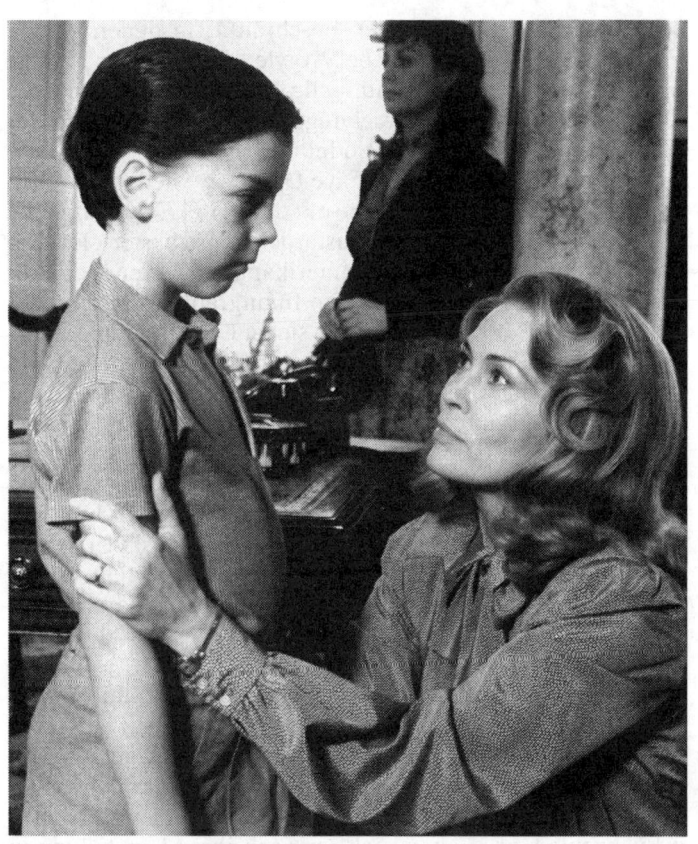

›Ordeal by Innocence‹

seiner Mutter Rachel (Faye) gehängt hat, obwohl er immer wieder seine Unschuld beteuert und behauptet hatte, daß er zum fraglichen Zeitpunkt mit seinem Auto unterwegs gewesen war. Es stellt sich heraus, daß Calgary sein Alibi war, und daß die Abwesenheit des Wissenschaftlers den Tod eines unschuldigen jungen Mannes verursacht hat. Calgary beschließt, trotz der Gleichgültigkeit der Familie Argyle und der örtlichen Polizei, den wahren Mörder herauszufinden. Fayes Anteil an *Ordeal by Innocence* ist auf kurze Auftritte in schwarzweißen Rückblenden beschränkt, in denen sie die verachtete Matriarchin Rachel Argyle darstellt. Der Film ist eine respektable, konventionelle Christie-Adaption, die allenfalls lauwarme Besprechungen erhielt, auch wenn der Kritiker von *Time Out* die Produktion pries.

Im Sommer 1984 übernahm Faye Dunaway wieder eine Rolle in einer kleinen Fernsehserie mit dem Titel *Ellis Island,* die auf einem Roman von Fred Mustard Steward basiert. Es handelt sich hier um eine typisch amerikanische Seifenoper über das Leben von vier europäischen Immigranten während der Jahre von 1907 bis 1917, in denen sie im Land der unbegrenzten Möglichkeiten die ihnen versprochenen, mit Gold gepflasterten Straßen suchen. Da die Serie zur besten Sendezeit laufen sollte, kommen die Immigranten natürlich auf spektakuläre Weise zu Erfolg: Einer wird Senator in einem amerikanischen Bundesstaat, einer ein hochgeehrter Broadway-Komponist und ein anderer wird zwar blind, doch schreibt er Drehbücher für die Stummfilme von Jesse Lasky! Die siebenstündige Serie wurde auf drei Abende verteilt ausgestrahlt und wurde vom täglichen Bericht über Affären, Morde und Selbstmorde unterbrochen, um die Zuschauer vor den Fernsehgeräten zu halten.

Faye spielt die weltberühmte Schauspielerin Maud Charteris. Ihr hübscher italienischer Gärtner ist einer aus dem Quartett der Europäer, die sich ins gelobte Land aufgemacht haben. Als in New York harte Zeiten auf ihn zukommen und er verzweifelt versucht, Geld aufzutreiben, um ein Darlehen zurückzahlen zu können, geht er nach ihrer Vorstellung in *Lady Frederick* zu ihr hinter die Bühne und bittet sie um Hilfe. Er wird ihr bezahlter Liebhaber, ein Gigolo, doch über die Jahre wächst ihre Beziehung. Sie wird seine Mentorin und sorgt für seine Ausbildung. Als sie den Witwer Senator Phipps Ogden (Richard Burton) heiratet, bleiben sie gute Freunde, und Marco heiratet Ogdens Tochter. Während seiner unglücklichen Ehe und seinem Kampf, der erste Immigrant zu werden, der nach seiner Einreise über Ellis Island in die staatliche Legislative gewählt wird, steht sie immer an seiner Seite, unterstützt und ermutigt ihn.

Der Film wurde in Großbritannien und Italien gedreht und enthält den letzten Auftritt von Richard Burton. Er enthält auch eine erfrischende und auf der ganzen Linie zufriedenstellende Charakterisierung von Faye. Ihr Part in der Geschichte ist beinahe der einer Patin, wie sie im Märchenbuch steht, und ihr Spiel offenbart eine warmherzige, frauliche Figur, die frei von allen Neurosen, bar aller Manierismen, entspannt und menschlich ist.

Ellis Island regte offenbar ihren Appetit aufs Fernsehen und die Zuschauermassen, die man über dieses Medium erreichen kann, an. Sie hat bald darauf in einer weiteren Miniserie mitgewirkt, diesmal in einer italienischen, die auch von CBS ausgestrahlt werden sollte. *Christoforo Colombo* ist eine sechsstündige Erzählung über die großen Fahrten des Co-

Richard Burton mit Faye in der Fernsehproduktion ›Ellis Island/Tor zum Leben‹

lumbus und seine Entdeckung Amerikas im Jahre 1492. Der irische Schauspieler Gabriel Byrne spielt den Columbus, und Faye verkörpert die Königin Isabella. Auch für diese Rolle recherchierte sie gründlich. »Geschichte habe ich schon immer gemocht«, erzählte sie. »Isabella kämpfte gegen die Mauren. Sie war eine kriegerische Königin. Sie ist tatsächlich hinausgezogen und hat in voller Montur mitgekämpft. Das war sehr eigenartig. Meine Rüstung war nicht so schwer, weil sie aus Aluminium war.«

Die ersten Monate des Jahres 1985 sahen eine hektisch umtriebige Faye, die über den Atlantik hin- und zurückflog, um einer Reihe beruflicher Verpflichtungen nachzukommen. Am 26. Januar war sie bei der Verleihung der Golden Globes in Begleitung von Dudley Moore zugegen. Die Preise kommen von der ausländischen Presse in Hollywood und berücksichtigen sowohl Auftritte in Kinofilmen als auch im Fernsehen, außerdem ehren sie einzelne Persönlichkeiten mit speziellen Preisen. Sowohl Faye als auch Dudley Moore gehörten zu den Gewinnern. Moore erhielt überraschend den Preis als bester Schauspieler in einer Komödie für seine Leistung in *Micki and Maude* (Micki und Maude), und Faye erhielt einen Preis, weil sie die »beste Leistung in einer Nebenrolle in einer Serie, Miniserie oder in einem Fernsehfilm erbracht« hatte, und zwar in *Ellis Island.* In ihrer Dankesrede lobte sie die ausländische Presse: »Ich glaube, sie machen gute Arbeit, sie tragen dazu bei, die internationale Filmgemeinschaft zu vereinen.«

Am 14. Februar wohnte sie zusammen mit Terry O'Neill der königlichen Premiere von *Ordeal by Innocence* bei, bei der auch Königin Elizabeth II. und ihr Ehemann Prinz Philip anwesend waren. Sie blieb in England, um einen weiteren Fernsehvertrag zu erfüllen. Es handelte sich um den Thriller *Thirteen at Dinner* nach der Vorlage des Agatha-Christie-Romans *Lord Edgware Dies,* in dem Peter Ustinov den belgischen Meisterdetektiv Hercule Poirot spielt.

Nachdem dieser Film fertiggestellt war, kehrte sie nach Amerika zurück. Dort hatte man sie für die Fernsehbiographie von Joan Kennedy ins Auge gefaßt, der Ehefrau des Senators

Faye als Königin Isabella in der Fernsehserie ›Christoph Columbus‹

Edward Kennedy. Der Film sollte sich auf ihre Alkohol- und Eheprobleme konzentrieren und sich dabei auf das Buch der ehemaligen Sekretärin von Frau Kennedy, Marcia Chellis, stützen.

Die Fans der Schauspielerin hoffen natürlich, daß sie nicht

ganz die Lust auf große Kinofilme verloren hat. Während *The Wicked Lady* und *Supergirl* auf ihre Art unterhaltsam waren, wünschte man sich doch, daß sie wieder Frauenfiguren verkörpern wird, die der realen Welt entspringen. Seit einigen Jahren hofft sie, das Stück *Duet for One* von Tom Kempinski verfilmen zu können, in dem eine Weltklassemusikerin durch eine Krankheit zum Krüppel wird. Sie hat am Royal College of Music in London Violine gelernt, und es war geplant, daß Terry O'Neill mit diesem Projekt sein Regiedebut liefern sollte. Doch sieht es nicht so aus, als könnte Fayes Wunsch in Erfüllung gehen, denn für die Verfilmung dieses Stücks sind mittlerweile profilierte Regisseure im Gespräch, unter ihnen der Exilrusse Andrej Konchalowsky. Doch für Faye handelt es sich nach wie vor »um die Rolle meines Lebens!«.

Postscriptum

»Ich hoffe nur, daß sie auf irgendeine Weise am Ende, wenn sie genug Liebe gefunden hat, genug Geld und genug Anerkennung – oder was immer sie braucht –, daß sie dann auch ihre innere Ruhe finden wird.«

Diese Worte bringen die einstige Besorgnis Grace Dunaways über ihre Tochter zum Ausdruck, von der man sicherlich sagen kann, daß sie ihre innere Ruhe gefunden hat.

Faye ist eine der herausragenden Schauspielerinnen ihrer Generation, nur wenige andere können von sich sagen, mit so großen männlichen Stars wie Robert Redford, Paul Newman, Steve McQueen, Dustin Hoffman, Jack Nicholson und Warren Beatty zusammengearbeitet zu haben; nur wenige andere haben mit Regisseuren vom Kaliber eines Roman Polanski, eines Sidney Lumet, eines Arthur Penn oder eines Elia Kazan gedreht. Sie hat in ihrer Arbeit viel riskiert und immer die Perfektion gesucht. Ihre Hingabe, ihr Engagement und ihr Streben nach höchster Qualität haben das Publikum mit einer ganzen Galerie denkwürdiger Frauen beglückt. Ein Regal voller Preise zeugt beredt von ihrem Erfolg und ihrer Bedeutung. »Ich weiß, daß es nicht besonders leicht ist, mit mir zusammenzuarbeiten«, gab sie zu. »Ich möchte, daß alles Hand und Fuß hat, und ich arbeite hart dafür. Ich möchte meine Begabung und die anderer voll ausschöpfen. Ich bin ein sehr entschlossener und leidenschaftlich engagierter Mensch, und das bedeutet Anstrengung. Aber ich hänge daran und ich werde womöglich noch in 40 Jahren diese Arbeit machen.«

Es sah lange Zeit so aus, als ob ihre private und ihre berufliche Welt sich an den beiden entgegengesetzten Enden einer Wippschaukel befinden würden. Zufriedenheit in einem Bereich signalisierte automatisch einen Tiefstand im anderen. Diese emotionale Balance zu finden, hat sie viel Zeit gekostet und mindestens genausoviel Kraft und harte Arbeit wie eine perfekte schauspielerische Leistung. Doch durch die anhaltende Liebe Terry O'Neills und ihres Sohnes Liam hat sie für beide Welten das Beste gefunden. Alle ihre Träume sind in Erfüllung gegangen, und jeder Tag ist ein Tag gereiften Glücks. »Eine Familie zu haben, ist etwas so Schönes«, sagte sie eines Tages. »Ich bin mit so vielen Dingen ins reine gekommen. Ich bin immer noch eine Perfektionistin, und es ist immer noch sehr wichtig für mich, aus meinem Spiel das letzte herauszuholen, aber ich werde nicht mehr von diesem amerikanischen Phänomen der Übererfüllung getrieben. Ich habe gelernt, das Leben so zu genießen, wie es kommt, und Terry war dabei von großer Wichtigkeit für mich. Er ist mein bester Freund. Wahrscheinlich war ich früher gar nicht dazu in der Lage, zur Ruhe zu kommen und vielleicht habe ich das auch ein wenig spät geschafft – doch auf jeden Fall war ich dazu in der Lage, als ich den richtigen Menschen gefunden hatte. Und dafür bin ich sehr dankbar.«

Filmographie

Filme

The Happening (Die Meute, 1966)
Produktion: Horizon-Dover. *Regie:* Elliot Silverstein. *Produzent:* Jud Kinberg. *Drehbuch:* Frank R. Pierson, James D. Buchanan und Ronald Austin nach einer Vorlage von Buchanan und Austin. *Kamera:* Philip Lathrop. *Länge:* 91 Minuten (ursprünglich 101 Minuten).
Darsteller: Anthony Quinn, George Maharis, Michael Parks, *Faye Dunaway* (Sandy), Robert Walker, Oscar Homolka u. a.

Hurry Sundown (Morgen ist ein neuer Tag, 1966)
Produktion: Sigma. *Regie:* Otto Preminger. *Produzent:* Otto Preminger. *Drehbuch:* Thomas C. Ryan und Horton Foote nach dem Roman von K. B. Gilden. *Kamera:* Milton Krasner und Loyal Griggs. *Länge:* 142 Minuten (ursprünglich 146 Minuten).
Darsteller: Michael Caine, Jane Fonda, John Phillip Law, Robert Hooks, Diahann Carroll, Burgess Meredith, *Faye Dunaway* (Lou McDowell), Beah Richards, George Kennedy, Steve Sanders u. a.

Bonnie and Clyde (Bonnie und Clyde, 1967)
Produktion: Tatira-Hiller-Warner Brothers. *Regie:* Arthur Penn. *Produzent:* Warren Beatty. *Drehbuch:* David Newman und Robert Benton. *Kamera:* Burnett Guffey. *Länge:* 111 Minuten.
Darsteller: Warren Beatty, *Faye Dunaway* (Bonnie Parker), Michael J. Pollard, Gene Hackman, Estelle Parsons, Denver Pyle, Dub Taylor, Evan Evans, Gene Wilder.

The Extraordinary Seaman (Der außergewöhnliche Seemann, 1968)
Produktion: John Frankenheimer-Edward Lewis. *Regie:* John Frankenheimer. *Produzent:* Edward Lewis. *Drehbuch:* Phillip Rock und Hal Dresner nach einer Vorlage von Rock. *Kamera:* Lionel Lindon. *Länge:* 80 Minuten.

Darsteller: David Niven, *Faye Dunaway* (Jennifer Winslow), Alan Alda, Mickey Rooney, Jack Carter, Juano Hernandez u. a.

The Thomas Crown Affair (Thomas Crown ist nicht zu fassen, 1968)

Produktion: Mirisch-Simkoe-Solar. *Regie:* Norman Jewison. *Produzent:* Norman Jewison. *Drehbuch:* Alan R. Trustman. *Kamera:* Haskell Wexler. *Länge:* 102 Minuten.
Darsteller: Steve McQueen, *Faye Dunaway* (Vicky Anderson), Paul Burke, Jack Weston, Yaphet Kotto, Todd Martin, Sam Melville u. a.

A Place for Lovers (Originaltitel: Gli Amanti; dt. Der Duft deiner Haut, 1968)

Produktion: A. C. C. Champion-I Concordia. *Regie:* Vittorio De Sica. *Produzent:* Carlo Ponti und Arthur Cohn. *Drehbuch:* Julian Halevy, Peter Baldwin, Ennio De Concini, Tonino Guerra und Cesare Zavattini, nach dem Stück von Brunello Rondi. *Kamera:* Pasquale de Santis. *Länge:* 88 Minuten.
Darsteller: Faye Dunaway (Julia), Marcello Mastroianni, Caroline Mortimer u. a.

The Arrangement (Das Arrangement, 1969)

Produktion: Athena Enterprises. *Regie:* Elia Kazan. *Produzent:* Elia Kazan. *Drehbuch:* Elia Kazan nach seinem eigenen Roman. *Kamera:* Robert Surtees. *Länge:* 125 Minuten.
Darsteller: Kirk Douglas, *Faye Dunaway* (Gwen), Deborah Kerr, Richard Boone, Hume Cronyn, Michael Higgins, John Randolph Jones, u. a.

Little Big Man (Little Big Man, 1970)

Produktion: Stockbridge-Hiller-Cinema Center Films. *Regie:* Arthur Penn. *Produzent:* Stuart Millar. *Drehbuch:* Calder Willingham nach dem Roman von Thomas Berger. *Kamera:* Harry Stradling jr. *Länge:* 139 Minuten.
Darsteller: Dustin Hoffman, *Faye Dunaway* (Mrs. Pendrake), Martin Balsam, Richard Mulligan, Chief Dan George, Jeff Corey u. a.

Puzzle of a Downfall Child (1970)
Produktion: Newman-Foreman-Jennings Lang. *Regie:* Jerry Schatzberg. *Produzent:* John Foreman. *Drehbuch:* Adrian Joyce nach der Vorlage von Jerry Schatzberg und Adrian Joyce. *Kamera:* Adain Holender. *Länge:* 104 Minuten.
Darsteller: Faye Dunaway (Lou Andreas Sand), Barry Primus, Viveca Lindfors, Barry Morse, Roy Schneider, Ruth Jackson, John Heffernan u. a.

Doc (Doc, 1971)
Produktion: Frank Perry Films. *Regie:* Frank Perry. *Produzent:* Frank Perry. *Drehbuch:* Peter Hamill. *Kamera:* Gerald Hirschfeld. *Länge:* 96 Minuten.
Darsteller: Stacy Keach, *Faye Dunaway* (Kate Elder), Harris Yulin, Mike Witney, Denver Joan Collins, Dan Greenberg u. a.

The Deadly Trap (Originaltitel: La Maison sous les arbres, dt. Das Haus unter den Bäumen, 1971)
Produktion: Corona Film-Pomereu Films-Oceania Films. *Regie:* René Clément. *Produzenten:* Sidney Buchman und Eleanor Perry. *Drehbuch:* Sidney Buchman und Eleanor Perry nach dem Roman *The Children are Gone* von Arthur Cavanaugh, adaptiert von Daniel Boulanger und René Clément. *Kamera:* Andréas Winding. *Länge:* 95 Minuten (ursprünglich 100 Minuten).
Darsteller: Faye Dunaway (Jill Hallard), Frank Langella, Barbara Parkins, Michèle Lourié, Patrick Vincent, Karen Blauguernon, Maurice Ronet u. a.

Oklahoma Crude! (Oklahoma Crude, 1973)
Produktion: Columbia. *Regie:* Stanley Kramer. *Produzent:* Stanley Kramer. *Drehbuch:* Marc Norman. *Kamera:* Robert Surtees. *Länge:* 111 Minuten.
Darsteller: George C. Scott, *Faye Dunaway* (Lena Doyle), John Mills, Jack Palance, William Lucking, Harvey Jason u. a.

The Three Musketeers/The Queen's Diamonds (Die drei Musketiere, 1973)
Produktion: Film Trust. *Regie:* Richard Lester. *Produzent:* Ilya

Salkind. *Drehbuch:* George MacDonald Fraser nach dem Roman von Alexandre Dumas. *Kamera:* David Watkin. *Länge:*107 Minuten.
Darsteller: Michael York, Oliver Reed, Raquel Welch, Richard Chamberlain, Frank Finlay, Charlton Heston, *Faye Dunaway* (Milady de Winter), Christopher Lee, Geraldine Chaplin, Jean-Pierre Cassel u. a.

The Four Musketeers/The Revenge of Milady (Die vier Musketiere/Die Rache der Mylady, 1974)

Produktion: Film Trust (Panama)-Este Films. *Regie:* Richard Lester. *Produzenten:* Alexander Salkind und Michael Salkind. *Drehbuch:* George McDonald Fraser nach dem Roman von Alexandre Dumas. *Kamera:* David Watkin und Paul Wilson. *Länge:* 106 Minuten.
Darsteller: Oliver Reed, Raquel Welch, Richard Chamberlain, Michael York, Frank Finlay, Simon Ward, Christopher Lee, *Faye Dunaway* (Milady de Winter), Charlton Heston, Geraldine Chaplin, Jean-Pierre Cassel u. a.

Chinatown (Chinatown, 1974)

Produktion: Long Road, *Regie:* Roman Polanski. *Produzent:* Robert Evans. *Drehbuch:* Robert Towne. *Kamera:* John A. Alonso. *Länge:* 131 Minuten.
Darsteller: Jack Nicholson, *Faye Dunaway* (Evelyn Mulwray), John Huston, Perry Lopez, John Hillerman, Darrell Zwerling, Diane Ladd u. a.

The Towering Inferno (Flammendes Inferno, 1974)

Produktion: Twentieth-Century Fox-Warner Brothers. *Regie:* John Guillermin und Irwin Allen. *Produzent:* Irwin Allen. *Drehbuch:* Stirling Silliphant nach den Romanen *The Tower* von Richard Martin Stern und *The Glass Inferno* von Thomas M. Scortia und Frank M. Robinson. *Kamera:* Fred Koenekamp und Joseph Biroc. *Länge:* 165 Minuten.
Darsteller: Steve McQueen, Paul Newman, William Holden, *Faye Dunaway* (Susan Franklin), Fred Astaire, Susan Blakely, Richard Chamberlain, Jennifer Jones u. a.

Three Days of the Condor (Die drei Tage des Condor, 1975)
Produktion: Wildwood Enterprises. *Regie:* Sidney Pollack. *Produzent:* Stanley Schneider. *Drehbuch:* Lorenzo Semple jr. und David Rayfield nach dem Roman *Six Days of the Condor* von James Grady. *Kamera:* Owen Roizman. *Länge:* 117 Minuten.
Darsteller: Robert Redford, *Faye Dunaway* (Kathy), Cliff Robertson, Max von Sydow, John Houseman, Addison Powell u. a.

Network (Network, 1976)
Produktion: MGM-United Artists. *Regie:* Sidney Lumet. *Produzent:* Howard Gottfried. *Drehbuch:* Paddy Chayefsky. *Kamera:* Owen Roizman. *Länge:* 121 Minuten.
Darsteller: Faye Dunaway (Diane Christenson), William Holden, Peter Finch, Robert Duvall, Wesley Addy, Ned Beatty, Arthur Burghardt u. a.

Voyage of the Damned (Reise der Verdammten, 1976)
Produktion: ITC Entertainment Associated General Films. *Regie:* Stuart Rosenberg. *Produzent:* Robert Fryer. *Drehbuch:* Steve Shagan und David Butler nach der Vorlage von Gordon Thomas und Max Morgan-Witts. *Kamera:* Billy Williams. *Länge:* 137 Minuten (ursprünglich 155 Minuten).
Darsteller: Faye Dunaway (Denise Kreisler), Max von Sydow, Oskar Werner, Malcolm McDowell, James Mason, Orson Welles, Katharine Ross, Ben Gazzara, Lee Grant u. a.

Eyes of Laura Mars (Die Augen der Laura Mars, 1978)
Produktion: Jon Peters Organization. *Regie:* Irvin Kershner. *Produzent:* Jon Peters. *Drehbuch:* John Carpenter und David Zelag Goodman nach der Vorlage von John Carpenter und Jon Peters. *Kamera:* Victor J. Kemper. *Länge:* 103 Minuten.
Darsteller: Faye Dunaway (Laura Mars), Tommy Lee Jones, Brad Dourif, René Auberjonois, Raul Julia, Frank Adonis, Lisa Tylor u. a.

The Champ (Der Champ, 1979)
Produktion: Metro-Goldwyn-Mayer. *Regie:* Franco Zeffirelli. *Produzent:* Dyson Lovell. *Drehbuch:* Walter Newman nach der

Vorlage von Frances Marion. *Kamera:* Fred J. Koenekamp. *Länge:* 122 Minuten.
Darsteller: Jon Voight, *Faye Dunaway* (Annie), Ricky Schroder, Jack Warden, Arthur Hill, Strother Martin, Joan Blondell, Elisha Cook u. a.

The First Deadly Sin (Die erste Todsünde, 1980)
Produktion: Artamis-Cinema Seven. *Regie:* Brian G. Hutton. *Produzenten:* George Pappas und Mark Shanker. *Drehbuch:* Manny Rubin nach dem Roman von Lawrence Sanders. *Kamera:* Jack Priestley. *Länge:* 112 Minuten.
Darsteller: Frank Sinatra, *Faye Dunaway* (Barbara Delaney), David Dukes, George Coe, Brenda Vaccaro, Martin Gabel, Anthony Zerbe u. a.

Mommie Dearest (Meine liebe Rabenmutter, 1981)
Produktion: Frank Yablans/Dunaway-O'Neill Associates Inc. *Regie:* Frank Perry. *Produzent:* Frank Yablans. *Drehbuch:* Frank Yablans. *Kamera:* Paul Lohmann. *Länge:* 129 Minuten.
Darsteller: Faye Dunaway (Joan Crawford), Diana Scarwind, Steve Forrest, Howard da Silva, Mara Hobel, Rutanya Alda, Harry Goz u a.

The Wicked Lady (1983)
Produktion: Cannon. *Regie:* Michael Winner. *Produzenten:* Menahem Golah und Yoram Globus. *Drehbuch:* Leslie Arliss und Michael Winner nach dem Roman *Life and Death of the Wicked Lady Skelton* von Magdalen King-Hall. *Kamera:* Jack Cardiff. *Länge:* 99 Minuten.
Darsteller: Faye Dunaway (Lady Barbara Skelton), Alan Bates, John Gielgud, Denhom Elliott, Prunella Scales, Oliver Tobias, Glynis Barber u. a.

Supergirl (1984)
Produktion: Artistry-Cantharus. *Regie:* Jeannot Szwarc. *Produzent:* Timothy Burrill. *Drehbuch:* David Odell nach dem Comic-Strip-Charakter. *Kamera:* Alan Hume. *Länge:* 124 Minuten.
Darsteller: Faye Dunaway (Selena), Helen Slater, Peter O'Toole, Mia Farrow, Brenda Vaccaro, Peter Cook, Simon Ward u. a.

X **Ordeal by Innocence** (1984)
Produktion: Cannon. *Regie:* Desmond Davis. *Produzent:* Jenny
Craven. *Drehbuch:* Alexander Stuart nach dem Roman von Aga-
tha Christie. *Kamera:* Billy Williams und Ernest Vincze. *Länge:* 88
Minuten.
Darsteller: Donald Sutherland, *Faye Dunaway* (Rachel Argyle),
Christopher Plummer, Sarah Miles, Ian McShane, Diana Quick,
Annette Crosbie u. a.

Faye Dunaways Arbeit wird außerdem in folgenden Filmen kurz
beleuchtet:

Arthur Miller on Home Ground (1979)
Regie: Harry Rasky. *Länge:* 90 Minuten.
Dieser kanadische Dokumentarfilm über Arthur Miller zeigt den
Dramatiker bei der Arbeit auf seiner Farm, kehrt zu den Straßen
seiner Kindheit in Harlem und Brooklyn Heights zurück und geht
auf seine ersten öffentlichen Erinnerungen an Marilyn Monroe ein.
Der Film gewann beim Filmfestival in Montreal 1979 den Preis der
Internationalen Presse. Viele Schauspieler sind in Szenen seiner
Stücke zu sehen, darunter Faye Dunaway, Lee J. Cobb, George C.
Scott, Coleen Dewhurst, George Segal und Maureen Stapleton.

Terror in the Aisles (1984)
Regie: Andrew J. Kuehn. *Länge:* 83 Minuten.
Donald Pleasence und Nancy Allen stellen Ausschnitte aus zahlreichen Horrorfilmen und Thrillern vor, darunter eine Szene aus *Eyes
of Laura Mars.*

X 1988 Brennendes Geheimnis   Klaus Maria Brandauer

X 1987 Casanova   Richard Chamberlain, Christopher Lee,
Hanna Schygulla, Sophie Ward, Ornella Muti

X 1988 Midnight Crossing
Nur das Meer ist (d)ihr Zeuge
USA, Roger Holzberg

Bühnenauftritte

1962 **A Man for All Seasons** (als Margaret Moore)
1964 **After the Fall** (als Krankenschwester)
    But for whom Charlie (als Faith Prosper)
    The Changeling (als Beatrices Mädchen)
1965 **Tartuffe** (Ersatzfrau)
    After the Fall (als Elsie)
    Hogan's Goat (als Kathleen Stanton)
1972 **Old Times**
1973 **A Streetcar Named Desire** (als Blanche Dubois)
1986 **Circe and Bravo** (als Circe).

Fernsehproduktionen

(Abgesehen von den folgenden Nennungen hat Faye 1966 auch in einer Folge der Serie *The Trials of O'Brien* mitgewirkt, in einer kanadischen Produktion mit dem Titel *On the Seaway* aus den späten 60ern und 1982 in einer Kabelversion von *Country Girl*.)

Hogan's Goat (1971)
Regie/Produzent: Glenn Jordan.
Darsteller: Faye Dunaway (Kathleen Stanton), Robert Foxworth, George Rose, Biff McGuire, Philip Bosco u. a.

The Woman I Love (1972)
Regie: Paul Wendkos.
Darsteller: Faye Dunaway (Wallis Simpson), Richard Chamberlain, Robert Douglas, Patrick McNee, Eileen Herlie, Murray Matheson u. a.

After the Fall (1974)
Regie: Gilbert Cates.
Darsteller: Faye Dunaway (Maggie), Christopher Plummer, Bibi Andersson, Mariclaire Costello, Murray Hamilton, Nancy Marchand u. a.

The Disappearance of Aimée (1976)
Regie: Anthony Harvey.
Darsteller: Faye Dunaway (Aimée Semple McPherson), Bette Davis, James Sloyan, James Woods u. a.

Evita Peron (1981)
Regie: Marvin J. Chomsky.
Darsteller: Faye Dunaway (Eva Peron), James Farentino, Pedro Armendariz jr., Michael Constantine, Signe Hasso, Katy Jurado, Jeremy Kemp u. a.

Ellis Island (1984)
Regie: Jerry London.
Darsteller: Faye Dunaway (Maud Charteris), Richard Burton, Peter Riegert, Greg Martyn, Claire Bloom u. a.

Cristoforo Colombo (1985)
Regie: Alberto Lattuada.
Darsteller: Faye Dunaway (Königin Isabella), Gabriel Byrne, Nicol Williamson, Max von Sydow, Oliver Reed, Virna Lisi, Eli Wallach.

13 at Dinner (1985)
Regie: Lou Antonio.
Darsteller: Peter Ustinov, *Faye Dunaway*, Lee Horsley, David Suchet, Bill Nighy, Diane Keen.

DANKSAGUNG

Ohne die Hilfe einiger Leute und Organisationen hätte dieses Buch nicht entstehen können. Ihnen bin ich zu großem Dank verpflichtet. Michael Winner hat sich trotz seines vollen Terminkalenders die Zeit genommen, mir ausführlich über die Entstehung von *The Wicked Lady* und seine Arbeitsbeziehung zu Faye Dunaway zu erzählen. Adrian Turner vom *National Film Theatre* ermöglichte es mir, ein Band mit Faye Dunaways Vortrag, den sie 1981 beim *Guardian* gehalten hat, zu sehen, das sich als ausgesprochen nützlich erwies.

Einige von Faye Dunaways Kollegen haben auf meine Bitte um Unterstützung sehr entgegenkommend reagiert: Robert Bolt, Timothy Burrill, Norman Jewison, Arthur Penn und Mickey Rooney.

Wie immer bei einem solchen Unternehmen dürfen das Personal und die Hilfsmittel des Britischen Filminstituts nicht unerwähnt bleiben, ebensowenig das Nationale Filmarchiv und die Kobal-Collection. Meine Recherchen wären ohne sie unmöglich gewesen.

Des weiteren schulde ich folgenden Leuten eine dankende Hervorhebung: Elizabeth Arnac (Florian Productions Ltd.), Gay Cox (Edinburgh Filmhouse), John Fraser (Scimitar Films Ltd.), Pat Kirkwood (The Kobal Collection), Deanna McClay, Sandra Mikki (Yorktown Produktions Ltd.) und Val Robins (Carlyle Produktions).

Schließlich gilt mein ganz besonderer Dank Mike Bailey vom Verlag W. H. Allen.

Allan Hunter

Bibliographie

Bücher:

Braun, Eric: Deborah Kerr, St. Martin's Press 1978, USA
Ciment, Michel: Kazan on Kazan, Secker & Warburg 1973, GB.
Downing, David: Jack Nicholson, W. H. Allen 1983, GB.
Frischauer, Willi: Behind the Scenes of Otto Preminger, Michael Joseph 1973, GB.
Goldman, William: Adventures in the Screen Trade, Macdonald & Co 1984, GB.
Hall, William: Raising Caine, Sidgwick & Jackson 1981, GB.
Jordan, René: Marlon Brando, Pyramid Publications 1983, USA (= Heyne Taschenbuch).
Leaming, Barbara: Polanski: The Filmmaker as Voyeur, Simon & Schuster 1981, USA.
Merigeau, Pascal: Faye Dunaway, Collection Têtes d'Affiche 1978, F.
Munshower, Suzanne: Warren Beatty, W. H. Allen 1983, GB.
Polanski, Roman: Roman, William Heinemann 1984, GB.
Pratle, Gerald: The Cinema of John Frankenheimer, A. Zwemmer Ltd. 1969, GB.
Quirk, Lawrence: The Films of Warren Beatty, Citadel 1979, USA.
Shipman, David: The Great Movie Stars, Angus & Robertson 1980, GB.
Spada, James: The Films of Robert Redford, Citadel 1977, USA.
Steinberg, Cobbet: Reel Facts, Vintage Books 1978, USA.
Thomas, Bob: Golden Boy – The Untold Story of William Holden, Weidenfeld & Nicolson 1983, GB.
Ders., Joan Crawford, Weidenfeld & Nicolson 1978, GB.
Wake, Sandra/Hayden, Nicola: The Bonnie and Clyde Book, USA 1973.

Artikel:

Armati, Leo: »Otto Preminger Sues Bonnie« (Evening Standard, 11/1/68)
Beaver, Jim: »Frank Perry« (Films in Review, Nov. 1981)
Bell, Arthur: »Faye Loves Joan« (Voice, 16–22/9/81)
Bowers, Ronald: »A Family Affair Without Glamour« (Films in Review, Mai 1975)
Ders., »Revisionist Time in Hollywood« (Films in Review, Mai 1977)
Cashin, Fergus: »Miss Van Runkel … On my Plans for Dressing Bonnie« (Daily Sketch, 29/5/68)
Childs, James: »Closet Outlaws« (Film Comment, März/April 1973)

Curreri, Joe: »What Makes Faye Dunaway Runaway« (Photoplay, Juni 1973)

Davis, Victor: »The Bonnie Band Wagon« (Daily Express, 12/2/68)

Edwards, Sidney: »How Bonnie Parker Fell Among Bad Men in Tombstone City« (Evening Standard, 4/9/70)

Fenwick, Henry: »In the Picture« (Radio Times 21–27/11/81)

Ferguson, Ken: »Has Faye Dunaway Got Away With Being Joan Crawford« (Photoplay, Januar 1982)

Gilchrist, Roderick: »At Last the Movie Queen is Crowned« (Daily Mail, 30/3/77)

Hanson, Curtis Lee: »An Interview with Arthur Penn and Warren Beatty« (Cinema, 1967)

Hinxman, Margaret: »Portrait of a New and very Wicked Lady« (Daily Mail, 6/8/82)

Johns, Ken: »Oscar Winner with Oskar Werner« (Photoplay, Juli 1977)

Judge, Diane: »The Classic Capricorn – Faye Dunaway« (Show, Juni 1977)

La Badie, Don: »A Place for Lovers« (Movie Marketing, Juni 1968)

McAsh, Iain F.: »The Classic Survivor« (Films Illustrated, Dezember 1981)

Macalister-Hall, Malcolm: »Faye Find Happiness with the Lad from Essex« (TV Times, 4–10/8/84)

Malcolm, Derek: »Stars in the Eyes of Faye Dunaway« (Guardian, 24/11/81)

Ders., »The Lady who Beat the Censor« (Guardian, 15/3/83)

Mann, Roderick: »The Man who Made Faye Laugh Again« (Sunday Express, 11/82)

Mills, Bart: »Dunaway Getaway« (Guardian, 8/1/76)

Selway, Jennifer: »Renting the Psyche« (Time Out, 4–10/12/81)

Walker Alexander: »Faye – the Female Factor« (Evening Standard, 1/3/77)

Zec, Donald: »Dinner with Dunaway« (Daily Mirror, 22/5/68).

Register

After the Fall 15, 123
Alda, Alan 56
Andersson, Bibi 123
A Place for Lovers (Gli Amanti; Der Duft deiner Hand) 65 ff., 78
Arrangement, The (Das Arrangement) 71, 74, 76, 78, 96, 148
Astaire, Fred 126, 134

Bates, Alan 202, 204, *205,* 206, 209
Beatty, Ned 143
Beatty, Warren 31, *31,* 33 ff., *43,* 46 f., 50, *51,* 68, 229
Bonnie and Clyde (Bonnie und Clyde) 26, 31, 34, 38 ff., 45 ff., 48 ff., 53 f., 60, 62, 81 f., 88, 94 ff., 108, 111, 113, 120 f., 134, 152
Burke, Paul 57
Burton, Richard 224 f., *225*
Byrne, Gabriel 226

Caine, Michael 22, 25
Cassel, Jean Pierre 104
Chamberlain, Richard 97, 103, 126
Champ, The (Der Champ) 164 ff., 167 f., 171 f., 174
Chaplin, Geraldine 104
Chinatown (Chinatown) 111, 113, 118, 120, 122 f., 134 f., 136, 164

Cook, Peter 216
Cristoforo Colombo 225

Davis, Bette 137
Deadly Trap, The (La Maison sous les arbres, Das Haus unter den Bäumen) 90, 93
Disappearance of Aimée, The 136
Doc (Doc) 85, 87, 183
Douglas, Kirk 73 f., *73, 75,* 76 f., 148
13 at Dinner 226
Duvall, Robert 143, *153*

Elliott, Denholm 202
Ellis Island 224 f., 226
Extraordinary Seaman, The (Der außergewöhnliche Seemann) 54, 56, 62
Eyes of Laura Mars (Die Augen der Laura Mars) 159, 162, 164

Farentino, James 176, *179*
Farrow, Mia 216
Finch, Peter 144, 146, *147,* 148, 151 f., 154 f.
Finlay, Frank 103
First Deadly Sin, The (Die erste Todsünde) 172 f.
Fonda, Jane 22, 24 f.
Forrest, Steve 193 f.

Four Musketeers, The /The Revenge of Milady (Die vier Musketiere) 107

George, Chief Dan 82
Gielgud, John 202, 210
Greenberg, Dan 86

Hackman, Gene 38, *43*
Happening, The (Die Meute) 21 f., 26
Heston, Charlton 103
Hoffman, Dustin *80*, 81, 229
Hogan's Goat 15 f., 37, 97, 197
Holden, William 126, 143, 148, *149*, 150 f., 154 f.
Hooks, Robert 22
Hurry Sundown (Morgen ist ein neuer Tag) 22 f., 62
Huston, John 114, 120

Jones, Jennifer 126
Jones, Tommy Lee 161, *165*

Keach, Stacy 86 f., *87, 88, 89*
Kerr, Deborah 72, 76 f., 78

Langella, Frank 90, 92
Law, John Phillip 22
Lee, Christopher *102*
Little Big Man (Little Big Man) 81 ff., 94, 96

Maharis, George *19, 20*
Mason, James 140
Mastroianni, Marcello 64, *65*, 66, 68, 70
McDowell, Malcolm *140,* 140

McQueen, Steve 54, 57, 60, *61, 63,* 68, 126 f., *127,* 229
Mills, John 99
Mommie Dearest (Meine liebe Rabenmutter) 183 f., 186, 188, 191, 196, 200, 204, 207, 211

Network (Network) 142 ff., 147 f., 150 ff., 154 ff., 158, 164, 174, 187
Newman, Paul *125,* 126 f., *127,* 129, 229
Nicholson, Jack 111, 114, 116 ff., *117, 119,* 121, 134, 136, 229
Niven, David 56

Oklahoma Crude! (Oklahoma Crude) 98
Ordeal by Innocence 219 f., 223, 226
O'Toole, Peter 216

Parsons, Estelle 38, 40, *43,* 53
Peron, Evita 176, 181
Plummer, Christopher 123
Polland, Michael J. 37 f., *43,* 50, 82
Primus, Barry *85*
Puzzle of a Downfall Child, 83 f.

Quick, Diana *221*
Quinn, Anthony *21*

Redford, Robert 130 f., *131,* 133 f., *133, 135,* 229

Reed, Oliver 103
Richards, Beah 22
Rooney, Mickey 56
Ross, Katharine 142

Scarwind, Diana 191
Schroder, Ricky *167,* 168, 171
Scott, George C. 99
Sinatra, Frank 172 f., 174, *175*
Slater, Helen *211,* 214
Supergirl 211, 215 f., 218, 228
Sutherland, Donald 222
v. Sydow, Max 140

*Thomas Crown Affair, The
(Thomas Crown ist nicht zu
fassen)* 54, 56, 58 ff., 62, 94
*Three Days of the Condor (Die
drei Tage des Condor)* 123,
130, 134
*Three Musketeers, The/The
Queen's Diamonds (Die drei
Musketiere)* 101 ff., 107, 158

*Towering Inferno, The (Flam-
mendes Inferno)* 123, 126,
128, 134 f.

Ustinov, Peter 226

Vaccaro, Brenda 216, *218*
Voight, Jon 166, 168, 170 ff.,
171
*Voyage of the Damned (Reise
der Verdammten)* 137 f., 142

Ward, Simon 216
Welch, Raquel *103,* 104, 135
Welles, Orson 140
Werner, Oskar 139, *141,* 142
Wicked Lady, The 200, 202,
204, 206, 208 ff., 211, 228
Wilder, Gene 44
Witney, Mike 87
Woman I Love, The 97

York, Michael 103, *105*
Yulin, Harris 86 f.

**Das Gesamtverzeichnis der Heyne-Taschenbücher
informiert Sie ausführlich über alle lieferbaren Titel.
Sie erhalten es von Ihrer Buchhandlung
oder direkt vom Verlag.**

**Wilhelm Heyne Verlag, Postfach 20 12 04,
8000 München 2**